Julia Zohren

EINFACH NACHHALTIG LEBEN

MIT **100** TIPPS UND ANLEITUNGEN
FÜR MEHR NACHHALTIGKEIT
IN ALLEN LEBENSBEREICHEN

EMF
EIN BUCH DER
EDITION MICHAEL FISCHER

INHALT

MUNDWASSER

VORWORT

> „Was wir bewirken, ist kaum mehr als ein Tropfen im Ozean. Aber wenn wir tatenlos blieben, fehlte dem Ozean gerade dieser Tropfen.“
>
> *Mutter Teresa*

Du kannst viel mehr bewirken, als du vielleicht vermutest. Du kannst eine Veränderung antreiben. Eine Veränderung, die unsere Welt nachhaltiger gestaltet. Und: Du bist nicht allein.

In Deutschland schätzen wir uns glücklich, wählen zu dürfen. Doch du kannst deine Stimme nicht nur an Wahltagen einsetzen – du hast jeden Tag die Wahl. Jeder Kassenbon ist ein Stimmzettel. Würden wir ab sofort alle nur noch loses Obst und Gemüse kaufen, würde es innerhalb weniger Wochen kein in Plastik verpacktes Angebot mehr geben. Im Grunde sehr simpel. Die Nachfrage regelt das Angebot. Die Politik ist langsam, die Industrie ist schnell. Ein Eingreifen der Politik ist mehr als notwendig, keine Frage. Doch jeder Einzelne trägt Verantwortung und kann schon heute etwas bewirken.

Du musst nicht umgehend sämtliche Plastikdosen aus deiner Küche verbannen. Oder gar deinen gesamten Kleiderschrank von heute auf morgen von Fast Fashion hin zu Fair Fashion umwandeln. Das wäre sogar alles andere als nachhaltig. Oberstes Kredo: Nutze das, was du bereits hast, so lange wie möglich. Der achtsame Umgang mit Ressourcen ist hier das Schlüsselwort. Möchtest du deine Plastikdosen nicht mehr für Lebensmittel nutzen, kannst du sie zum Aufbewahren von Stiften verwenden. Behältst du dieses Kredo stets im Hinterkopf und gehst die einzelnen Lebensbereiche Schritt für Schritt an, wirst du merken, wie einfach und bereichernd ein nachhaltiger Alltag sein kann.

Dieses Buch soll dir zum einen Fakten liefern, die ihren Teil zu deiner Meinungsentwicklung beisteuern. Viel mehr noch soll es dich aber inspirieren. Inspirieren, deinen ganz individuellen Weg hin zu einem nachhaltigeren Alltag einzuschlagen oder fortzuführen. Dieses Werk ist somit keine Anleitung, die du von Anfang bis zum Ende Schritt für Schritt umsetzen sollst. Beginne dort, wo es für dich am einfachsten ist. Vielleicht möchtest du dich in ein Thema besonders intensiv einarbeiten, vielleicht möchtest du gleich mehrere Baustellen parallel angehen. Was das angeht, gibt es kein richtig oder falsch. Geh deinen eigenen Weg, in deinem eigenen Tempo. Inspiriere deine Mitmenschen und stecke sie mit deiner Freude an der Sache an. Denn: Hast du einmal damit begonnen, bewusst weniger Müll zu produzieren, auf faire Mode zurückzugreifen oder deine Putzmittel selber herzustellen, wird es sich irgendwann nicht mehr wie eine Herausforderung anfühlen, sondern sogar sehr viel Freude bereiten – versprochen!

Der Startschuss für meinen eigenen Aufbruch zum nachhaltigeren Alltag war mein Auszug von zu Hause. Plötzlich war ich für alles alleine verantwortlich. Vom Wocheneinkauf bis zum Stromverbrauch. Ich habe begonnen, Dinge zu hinterfragen, die ich zuvor als völlig selbstverständlich hingenommen habe oder mir überhaupt nicht bewusst waren. Wir Menschen sind im wahrsten Sinne des Wortes Gewohnheitstiere. Gewohnheiten, wie die Verfügbarkeit des eigenen Autos und die Wurst auf dem Brot, sind tief verankert. In uns selbst und in der Gesellschaft. Es braucht Zeit, mit diesen Gewohnheiten zu brechen. Doch es lohnt sich! Unserem Planeten zuliebe. Und für uns selbst – für unsere Gesundheit, für unser Wohlbefinden und nicht zuletzt für unseren Geldbeutel. In diesem Buch gehe ich an den verschiedensten Stellen darauf ein, warum ein nachhaltiger Lebensstil für dich gesünder und günstiger sein kann.

Ich bin durch und durch eine Optimistin. Nur wenn wir an die Umstellung unseres eigenen Alltags optimistisch herangehen, können wir das Ruder noch herumreißen – davon bin ich überzeugt. Und dennoch kommen mir an manchen Tagen Fragen wie „Bringt das, was ich hier tue, überhaupt etwas? Macht es einen Unterschied? Kämpfe ich nicht alleine gegen Windmühlen?" in den Kopf. Du kennst das vielleicht. Doch dann denke ich an all die Nachrichten, die ich online von meinen Leserinnen und Lesern erhalte. Die mir stolz berichten, dass sie nun mit Stoffwindeln wickeln. Deutlich weniger Plastikmüll verursachen als noch im Monat zuvor. Zu einem Öko-Stromanbieter gewechselt sind. Ich rufe mir das „Wir-Gefühl" von Demos ins Gedächtnis, bei denen ich teils zwischen über 50.000 Menschen gestanden habe und wir unsere Stimmen für den Umweltschutz erhoben haben. Wir sind nicht alleine! Gemeinsam können wir etwas bewegen. Dabei geht es keineswegs darum, wer nachhaltiger lebt oder wer der bessere „Öko" ist. Jeder noch so kleine Schritt in die richtige Richtung zählt. Also lasst es uns gemeinsam angehen!

GRUNDLAGEN

KLEINE SCHRITTE, GROSSE WIRKUNG

Wenn du dieses Buch in den Händen hältst, hast du dich bewusst dafür entschieden, deinen Alltag nachhaltiger zu gestalten – und das ist großartig!

An dem ein oder anderen Tag mag dich das Thema erschlagen, vielleicht hast du sogar das Gefühl gar nicht zu wissen, wo du anfangen oder weitermachen sollst. Es gibt so viel zu tun. Ich möchte dir dieses übermächtige Gefühl nehmen. Gehe einen Schritt nach dem anderen. Wenn jeder von uns viele kleine Schritte macht, hat das in der Summe eine große Wirkung. Unser Planet braucht nicht nur einige wenige Zero-Waste-Perfektionisten, sondern eine große Masse, die umdenkt. Wende dich dem Thema Nachhaltigkeit mit Neugier und Freude zu.

Steige in dem Bereich ein, bei dem dir die Umstellung am leichtesten fällt. Bei mir war es vor sechs Jahren die vegetarische Ernährung, einige Monate später folgte die Mode. Die weiteren Bereiche schlossen nach und nach nahezu automatisch an. Weil ich gemerkt habe, dass ein nachhaltiges Leben nicht pauschal mit Verzicht einhergeht, sondern mir ganz im Gegenteil zu mehr Lebensqualität verhilft, fiel es mir immer leichter, einzelne Bereiche umzustellen.

GEMEINSAM STATT EINSAM

Im Team sind wir Menschen so viel stärker. Wir motivieren uns gegenseitig und können gemeinsam Dinge erreichen, die wir uns zuvor nicht einmal hätten ausmalen können. Genauso kann es mit dem Thema Nachhaltigkeit sein. Tausch dich mit Familie und Freunden über den nachhaltigen Lebensstil aus und unterstütze Gleichgesinnte.

Mir hat dieses starke „Wir-Gefühl" bei den zahlreichen Demonstrationen für den Hambacher Wald und die Energiewende Gänsehaut bereitet und jedes Mal aufs neue Tränen in die Augen getrieben. Demos sind eine wunderbare Gelegenheit, sich aktiv für eine Wende einzusetzen und gleichzeitig in Kontakt und Austausch mit anderen zu treten.

Auch online kannst du dich vernetzen und austauschen. Gerade auf Facebook findest du immer mehr Gruppen mit dem Titel „Zero Waste STADT XY". Such einfach einmal nach solch einer Gruppe für deinen Wohnort. Ist der Kontakt online einmal geknüpft, können auch offline gemeinsame Treffen und Aktionen organisiert werden.

WARUM NACHHALTIGER LEBEN?

Ein nachhaltiger Lebensstil schont die Umwelt und respektiert Mensch und Tier. Neben den ökologischen Aspekten spielen faire Löhne und artgerechte Tierhaltung eine große Rolle. Doch bedeutet Nachhaltigkeit im Alltag nicht vor allem Verzicht und deutlich höhere Ausgaben? Aus meiner Sicht ganz klar: nein.

DIE SACHE MIT DEM VERZICHT

Erfahren Menschen in meinem Umfeld, dass ich mich überwiegend vegan ernähre, fällt immer wieder die Frage „Was darfst du denn dann noch essen?". Ich darf alles essen. Was ich möchte: mich pflanzenbasiert ernähren. Natürlich verzichte ich somit auf einige Lebensmittel – doch es fühlt sich für mich nicht nach Verzicht an. Es ist meine Entscheidung. Gewiss dauert es bei einigen Umstellungen, bis dieses Gefühl eintritt. Doch es lohnt sich. Nach den eigenen Wertvorstellungen zu leben macht glücklich und zufrieden. Das Gegenteil, etwa einen Job ausüben, der gegen unsere Werte spricht, stresst uns auf Dauer enorm.

DIE SACHE MIT DEM GELD

Bei diesem Punkt kommt es ganz darauf an, welchen Bereich wir genauer unter die Lupe nehmen. Vorab kann ich dir bereits sagen: Seitdem ich meinen Alltag nachhaltiger gestalte, gebe ich weniger Geld aus.

Eine fair produzierte Jeans kostet mitunter ein Vielfaches im Vergleich zum konventionellen Modell. Zu Recht. Doch dazu mehr im Kapitel „Mode". Entscheidend an dieser Stelle: Seitdem ich auf Fair Fashion umgestiegen bin, kaufe ich bewusster ein und gebe so unterm Strich deutlich weniger Geld für Mode aus. Auch wenn die einzelnen Teile teurer sind. Nicht zu verachten: Second-Hand-Mode ist die nachhaltigste Wahl und sogar günstiger als die Kleidungsstücke der großen Modeketten.

Schauen wir uns einen weiteren Bereich an und prüfen den Kostenfaktor. Im Drogeriemarkt gibt es vom Backofenreinigerschaum über den Kaffeemaschinenentkalker sämtliche Spezialreiniger zu kaufen. Spezialreiniger, die giftige Inhaltsstoffe enthalten und ganz schön teuer sind. Mit simplen Haushaltsmitteln kannst du aber genauso gut putzen. Damit tust du der Umwelt und deiner Haushaltskasse einen Gefallen.

ÖKOLOGISCHER FUSSABDRUCK

Der ökologische Fußabdruck beschreibt die Größe der Fläche, die ein Mensch umgerechnet benötigt, um seinen Lebensstil zu führen. Bei der Berechnung werden die vier Bereiche Wohnen & Energie, Konsum & Freizeit, Ernährung und Verkehr & Mobilität einbezogen. Entscheidend sind dabei die benötigten Rohstoffe und die Höhe des Energiebedarfs. Die vertretbare Größe des ökologischen Fußabdrucks liegt bei etwa 1,8 Hektar pro Person. Aktuell liegt der Fußabdruck der Deutschen im Schnitt bei 5,1 Hektar pro Person.

CO_2-EMISSION

Neben der natürlichen Freisetzung des Gases CO_2 – etwa durch das Zersetzen von Pflanzen oder das Ausatmen von Mensch und Tier – entsteht CO_2 überall dort, wo Rohstoffe wie Erdöl, Kohle oder Holz verbrannt werden. Etwa im Kraftwerk bei der Erzeugung von Strom oder beim Fliegen mit dem Flugzeug. Das Gas ist in den Rohstoffen gespeichert und wird bei der Verbrennung freigesetzt.

CO_2 zählt zu den Treibhausgasen. Das zweitwichtigste Treibhausgas ist Methan. Treibhausgase in der Luft verhindern, dass Wärme ins Weltall entweicht. Je mehr Gas vorhanden ist, desto weniger Wärme entweicht und die Erde wird aufgeheizt.

KLIMAWANDEL

Das Klima beschreibt nicht das Wetter von heute und morgen, sondern bezieht sämtliche Wettererscheinungen über sehr lange Zeiträume ein. Schon immer hat sich das Klima auf eine ganz natürliche Art und Weise gewandelt. Doch die Veränderungen aus der Vergangenheit, etwa Eiszeiten, haben sich über mehrere Millionen Jahre erstreckt. Der vom Menschen gemachte Klimawandel erwärmt den Planeten unnatürlich schnell. Zu schnell. Verursacht wird der Klimawandel durch den Treibhauseffekt. Ursachen für diesen sind unter anderem durch Massentierhaltung freigesetztes Methan oder der massenhafte Konsum von Gütern, deren Herstellung CO_2 erzeugt. Folgen des Klimawandels können Naturkatastrophen wie starke Stürme, Dürren aber auch Überschwemmungen sein. Letztere werden dadurch begünstigt, dass warme Luft mehr Wassermoleküle aufnehmen kann, die dann als starke Regenfälle wieder auf die Erde prasseln.

> „Unser Planet ist unser Zuhause, unser einziges Zuhause. Wo sollen wir denn hingehen, wenn wir ihn zerstören."
>
> *Dalai Lama*

BEWUSSTER KONSUM

Fair produzierte Kleidungsstücke oder Holzmöbel aus nachhaltiger Forstwirtschaft sind großartig und stets die bessere Wahl im Vergleich zu konventionell produzierter Neuware. Mit der Wahl von nachhaltigen Produkten unterstützt du faire Arbeitsbedingungen und umweltschonende Produktionen.

MASSE STATT KLASSE

Ausschlaggebend und erschreckend zugleich ist vor allem eins: die Masse an Produkten, die wir konsumieren. Im Schnitt besitzt jeder Mensch 10.000 Gegenstände. Wie sieht es bei dir aus? Benutzt du all die Dinge, die du besitzt? Brauchst du sie wirklich? Versuch einmal zu überschlagen, wie viel Geld du in der Summe wohl für alles ausgegeben hast. Und nun stell dir einmal vor, was du mit diesem Geld alles anstellen könntest. Statt es für Dinge auszugeben, bei denen dir durch Werbung, Social Media oder dem neuesten Trend suggeriert wurde, dass du sie haben musst, die du aber eigentlich nicht brauchst. Der bewusste Konsum schont nicht nur dein Portemonnaie, er spart auch Ressourcen und Energie.

GREENWASHING

Nicht alle Unternehmen, die sich „nachhaltig" nennen, sind es auch tatsächlich. Versucht ein Unternehmen sich deutlich nachhaltiger darzustellen als es ist, wird von Greenwashing gesprochen. Das Unternehmen „wäscht seine Weste grün". Konsumentinnen und Konsumenten werden bewusst getäuscht. Ein Beispiel: Ein Modelabel spendet einen Teil des Gewinns an ein soziales Projekt. Das Label wirbt groß mit dieser Spende und betont damit das eigene nachhaltige Handeln. Das Unternehmen verwendet aber chemisch behandelte konventionelle Stoffe und zahlt für die Produktion Niedriglöhne. Genäht wird unter menschenunwürdigen Bedingungen. Das Unternehmen selbst handelt somit keineswegs nachhaltig, erkauft sich lediglich den Eindruck.

Transparenz ist in meinen Augen bei dem Thema das A und O. Ein Unternehmen, das nichts zu verbergen hat, stellt detaillierte Infos zu Inhaltsstoffen, Materialien, Herkunft und Produktion oftmals auf der eigenen Website bereit. Sind diese Informationen nicht sofort ersichtlich, gilt: Nachfragen beim Unternehmen! Nachhaltige Unternehmen gewähren gerne einen transparenten Einblick hinter die Kulissen.

Betreiben große Unternehmen Greenwashing, kann das für kleine „echte" nachhaltige Unternehmen schnell zum Problem werden. Das liegt vor allem an dem finanziellen Vorteil, den große Firmen im Gegensatz zu kleineren haben. Ein Teil der Lösung können erschwingliche und sichere Zertifikate sein, die sich auch kleinere Unternehmen leisten können. Grundsätzlich gilt für uns als Verbraucher: nicht von ausgeklügelten Marketing-Strategien täuschen lassen, mit denen uns große Unternehmen von einer nachhaltigen Wirtschaftsweise überzeugen wollen. Stattdessen immer ihre Glaubwürdigkeit kritisch hinterfragen und sichergehen, dass ihre Produkte wirklich nachhaltig und fair produziert und gehandelt werden.

DAS KONSUMTAGEBUCH

Während meines Studiums habe ich keine zehn Gehminuten von der Kölner Fußgängerzone entfernt gewohnt. Mindestens einmal pro Woche bin ich dorthin geschlendert. In der Regel ist mindestens ein Teil in der Einkaufstüte gelandet. Shoppen war für mich Zeitvertreib, nicht das Besorgen von Notwendigkeiten. Ich habe lange gebraucht, um mich von diesem Verhaltensmuster zu lösen. Es ist tief in uns und unserer Gesellschaft verwurzelt.

Gib dir Zeit, deine Gewohnheiten zu ändern. Mir hat bei diesem Prozess ein Konsumtagebuch geholfen. In der ersten Hälfte des Tagebuchs habe ich alle Dinge notiert, die ich gekauft habe. Auch die Anschaffungskosten habe ich festgehalten. Das hilft dir dabei, ein Gefühl dafür zu bekommen, wie viel du konsumierst und welche Ausgaben damit verbunden sind.

In der zweiten Hälfte des Buchs habe ich künftige Anschaffungen gesammelt. Beispiel: Mein Staubsauger ist schon ein wenig in die Jahre gekommen und wurde bereits dreimal repariert. Schon jetzt ist klar, dass ich bald einen neuen benötigen werde. Im Konsumtagebuch notiere ich alle Eigenschaften, die mir für den neuen Staubsauger wichtig sind. Auch Rechercheergebnisse und Vergleiche finden dort Platz. Ein Spontankauf zum Zeitpunkt des Ablebens des Staubsaugers kann so vermieden werden. Ich kaufe ein Gerät, das zu meinen Bedürfnissen passt und mich lange begleiten wird. Das Konzept lässt sich natürlich auch auf Winterjacken, Sofas & Co übertragen.

REDUCE
REFUSE
RECYCLE
REUSE
ROT

WENIGER ABFALL IN ALLEN LEBENSBEREICHEN:

DIE 5 R'S

In vielen der thematisierten Bereiche dieses Buchs fällt Müll an: im Haushalt, auf Reisen oder im Büro. Mit den fünf Less Waste R's im Hinterkopf gelingt es dir, das Müllaufkommen in allen Bereichen zu reduzieren.

REFUSE: ABLEHNEN

Lehne die eingeschweißte Gurke im Supermarkt oder Werbeprospekte bewusst ab. Mit deiner Wahl und Entscheidung setzt du ein Zeichen. Ein Zeichen, das Unternehmen zum Handeln bringen kann. Erste Supermarktketten reduzieren in Plastik verpacktes Obst und Gemüse oder schaffen es gar komplett ab.

REDUCE: REDUZIEREN

Der bewusste Konsum spielt eine entscheidende Rolle bei der Müllvermeidung. Stell dir vor jedem Kauf die Frage „Brauche ich das wirklich?". Weniger Konsum bedeutet weniger Müll.

REUSE: WIEDERVERWENDEN

Kaufe Gegenstände gebraucht. Repariere Kaputtes im Haushalt und verwende es erneut. Wähle Mehrweg statt Einweg und greife auf waschbare Abschminkpads statt Wegwerf-Wattepads oder Thermobecher statt Wegwerf-To-Go-Becher zurück.

RECYCLE: RECYCELN

Gib alles, was sich recyceln lässt, nicht in den Restmüll, sondern in die entsprechende Tonne oder bring es zum Wertstoffhof. Zwar benötigt der Recyclingprozess Energie, doch so kannst du die Rohstoffe dem Kreislauf erneut zuführen.

ROT: KOMPOSTIEREN

Auch deine Küchenabfälle sollten besser nicht im Restmüll landen. Diese kannst du prima kompostieren. Eine Kompost-Lösung, die selbst in einer Stadtwohnung umsetzbar ist, findest du auf Seite 80.

GEMEINSAM FÜR EINE NACHHALTIGE ZUKUNFT!

Nachdem ich dir nun einige Grundlagen an die Hand gegeben habe, möchte ich auf den nächsten Seiten die einzelnen Lebensbereiche gemeinsam mit dir ein wenig nachhaltiger gestalten.

Jedes Kapitel startet mit einem Fakten-Check. So kannst du dir einen Überblick über den Bereich verschaffen. Wo stehen wir aktuell? Was wurde bereits erreicht? Wie wird die Zukunft aussehen?

Neben dem Input durch Fakten und Wissen warten in diesem Buch zahlreiche DIY-Anleitungen und Challenges auf dich. In kleinen Schritten kannst du sofort und ohne großen Aufwand aktiv werden. Lass es uns gemeinsam angehen, um uns gegenseitig zu motivieren und Erfolge zu feiern!

Auf Instagram kannst du deine Projekte, Ideen und Umsetzungen unter dem Hashtag **#einfachnachhaltigleben** posten und so den Austausch suchen oder einfach deine Freude teilen. Gleichzeitig erhältst du durch diesen Hashtag Inspiration für weitere nachhaltige Ansätze über dieses Buch hinaus.

Du musst weder auf köstliches Essen oder schöne Kleidung noch auf spannende Reisen verzichten. In diesem Buch zeige ich dir für alle Bereiche nachhaltige Alternativen, die dir zu noch mehr Lebensfreude verhelfen und ganz nebenbei die Umwelt schonen. Um es in einem Satz zusammenzufassen: Nachhaltig leben macht glücklich und spart Geld. Lasst uns die Welt gemeinsam nachhaltiger gestalten!

HAUSHALT

FAKTEN-CHECK

REINIGEN

Im Schnitt befinden sich in deutschen Haushalten etwa 15 unterschiedliche Reiniger. Viele davon enthalten gefährliche Inhaltsstoffe, die Haut und Lunge reizen. Durch die **Restbestände im Abwasser** schaden sie zudem der Umwelt. In diesem Kapitel findest du simple DIY-Rezepte für Reiniger, die mit natürlichen Zutaten auskommen.

55 Tonnen **Mikroplastik** gelangen durch Reiniger in Deutschland jährlich ins Abwasser.

1,3 Millionen Tonnen **Wasch- & Reinigungsmittel** werden in Deutschland jährlich gekauft.

Durch das Reduzieren der **Waschtemperatur** von 40 auf 30 °C kann 35 % Strom eingespart werden.

MÜLL

Plastikmüll zersetzt sich nicht vollständig, er zerfällt lediglich in winzige Teile. Die PET-Flasche im Meer schwimmt nach **450 Jahren Verrottung** somit als Mikroplastik weiter im Wasser umher. Daher gilt: Plastikmüll möglichst vermeiden. Fällt Plastikmüll an, ist es wichtig, diesen korrekt zu trennen. Nur so kann ein Großteil des Verpackungsmülls wiederverwendet werden.

Eine **Plastikflasche** benötigt 450 Jahre, um zu verrotten.

Deutschland produziert jährlich **565 kg Hausmüll** pro Einwohner.

Etwa 63 % der Abfälle werden stofflich **verwertet**.

EINKAUFEN

Die Mehrwegflaschen-Quote ist von 72 % (1997) auf 45 % (2014) gesunken. Zudem ist die Menge an Kunststoffmüll durch Verpackungen um 94 % angestiegen. Deshalb ist es wichtig, dass wir als Verbraucher versuchen, auf Plastik zu verzichten und uns für **Mehrweg** entscheiden. Mit simplen Tipps gelingt ein plastikarmer Einkauf auch in konventionellen Supermärkten.

Etwa 63 % des **Obsts und Gemüses** sind vorverpackt.

82 Kilo Lebensmittel wirft jeder Deutsche durchschnittlich pro Jahr in den **Müll**.

EU-Ziel bis 2025: 40 **Plastiktüten** pro Person pro Jahr.

DIY-HAUSMITTEL

Selbst hergestellte Reiniger kommen ohne aggressive Inhaltsstoffe aus. Meist lassen sich Spülmittel, WC-Reiniger & Co mit 2–3 simplen biologischen Zutaten und geringem Zeitaufwand zusammenmixen. DIY-Reiniger schonen nicht nur die Umwelt, sie sind auch kostengünstiger und kommen ohne Plastikverpackung daher.

SPÜLMITTEL

Zutaten
500 ml Wasser
1 EL Natron
25 g Aleppo-Seife

Außerdem
Kochtopf (mind. 2 Liter Volumen)

Zubereitung
1. Das Wasser in dem Topf zum Kochen bringen.
2. Gib nun das Natron und die geriebene Aleppo-Seife unter ständigem Rühren hinzu.
3. Lass das Spülmittel danach abkühlen und verrühre es dabei immer wieder.
4. Das Spülmittel in ein geeignetes Gefäß umfüllen und nochmals kräftig schütteln. Zum Abspülen etwas mehr Spülmittel verwenden als üblich.

SPÜLMASCHINENPULVER

Zutaten
100 g Waschsoda
100 g Natron
100 g Zitronensäure

Außerdem
Gefäß, verschließbar

Zubereitung
1. Vermenge alle Zutaten in einem Vorratsgefäß.
2. Verschließe das Vorratsgefäß anschließend gut, damit das Pulver nicht feucht werden kann.
3. Sollten Klumpen entstehen, zerbrösele diese vor der Anwendung mit einem Löffel. Pro Spülgang 1–2 EL des Spülmaschinenpulvers in das dafür vorgesehene Fach geben.

BADREINIGER

Zutaten

Schalen von 3 Orangen
Haushaltsessig (keine Essigessenz)

Außerdem

Gefäß, verschließbar (ca. 300 Milliliter Volumen)
Sprühflasche

Zubereitung

1. Gib zunächst die Schalen in das Gefäß.
2. Fülle das Gefäß nun mit Essig auf, sodass die Schalen komplett bedeckt sind.
3. Das Gemisch muss nun 4 Wochen ziehen. Zwischendurch solltest du immer wieder Essig nachfüllen, damit die Zitrusschalen nicht frei liegen.
4. Nach den 4 Wochen kannst du schließlich die Schalen entfernen und die Flüssigkeit in eine Sprühflasche umfüllen.

WC-REINIGER

Zutaten

4 EL Waschsoda
2 EL Zitronensäure

Zubereitung

1. Das Waschsoda mit der Zitronensäure vermengen.
2. Das Pulvergemisch im feuchten Toilettenbecken verteilen. So entsteht Schaum. Den Schaum mit der WC-Bürste verteilen und die Toilette durch Schrubben reinigen.

HINWEIS

Ich verwende am liebsten Natron, Waschsoda, Zitronensäure und Seife von **Sauberkasten**. In großen Mengen und in Papier verpackt erhältst du die Zutaten auch in meinem Shop **yhanius.de**.

WASCHMITTEL

Zutaten
2 l Wasser
30 g Aleppo-Seife, gerieben
4 EL Waschsoda

Außerdem
Kochtopf (mind. 2,5 Liter Volumen)

Zubereitung

1. Das Wasser in dem großen Topf erhitzen.
2. Die Aleppo-Seife und das Waschsoda unter ständigem Rühren in das Wasser geben. Koch die Masse nun kurz auf.
3. Das Gemisch sollte dann für ca. 1 Stunde stehen gelassen werden, damit es abkühlen kann.
4. Koche das Ganze danach noch einmal auf und rühre es um.
5. Fast fertig: Lass es noch einmal über Nacht stehen. Dann nochmals rühren und optional nach Belieben ätherisches Öl für den Duft hinzugeben.
6. Das Waschmittel in ein geeignetes Gefäß umfüllen und kräftig schütteln.

FLECKENENTFERNER WASSER

Zutaten
Wasser

Gegen ...
helle Flecken auf weißer Kleidung

So geht's

1. Ein weißes Kleidungsstück anfeuchten und für einige Stunden in die Sonne legen.

Die Sonne bleicht Schweißflecken und diverse Speiseflecken von weißen Kleidungsstücken auf natürlichem Wege aus. Alternativ können Flecken mit ein wenig Zitronensäure und Wasser behandelt werden.
Mit Zitronensäure behandelte Kleidung bitte nicht in die Sonne legen, da diese sonst unerwünschte Reaktion verursachen kann.

FLECKENENTFERNER ZITRONE

Zutaten
¼ Tasse Zitronensaft
Ca. 5 TL Salz
½ Tasse warmes Wasser

Gegen ...
dunkle Flecken (z. B. Kaffee, Tee, Tinte)

So geht's
1. Mische den Zitronensaft mit dem Salz und dem Wasser in einer Schüssel zusammen.
2. Du kannst das Gemisch nun direkt auf dem Fleck anwenden.
3. Lass es 10 Minuten einwirken und spüle das Kleidungsstück dann mit warmem Wasser aus.

Dieser natürliche Fleckentferner wirkt vor allem bei dunklen Flecken, wie Kaffee, Tee sowie Tintenflecken.

FLECKENENTFERNER NATRON

Zutaten
6 EL Natron
½ Tasse warmes Wasser

Gegen ...
Schweiß, Erbrochenes, Fett

So geht's
1. Vermische das Natron mit dem Wasser und trage die Mischung direkt auf den Fleck (Schweiß, Erbrochenes) auf.
2. Nach 15 Minuten Einwirkzeit kannst du dein Kleidungsstück mit warmem Wasser ausspülen.
3. Sollte der Fleck nach dem Trocknen noch nicht ganz verschwunden sein, die Prozedur wiederholen.
4. Bei Fettflecken das Pulver direkt auf den Fleck auftragen, 30 Minuten einwirken lassen und anschließend sanft und gründlich ausbürsten.

MÜLL

Der Umgang mit Müll stellt alle Länder der Erde vor eine große Herausforderung. Wohin nur mit den riesigen Müllbergen, die wir zusammen jährlich produzieren? Neben einer bestmöglichen Müllvermeidung jedes einzelnen heißt das Zauberwort: Recycling!

MÜLL RICHTIG TRENNEN – SO GEHT'S!

Damit die wertvollen Stoffe, die in unseren Müllbergen in großen Mengen vorhanden sind, erneut genutzt werden können, ist eine korrekte Vorsortierung des Mülls in den Haushalten notwendig. Durch das Recycling von Plastik, Glas, Metall, Holz & Co werden Ressourcen geschont und weniger Energie für die Produktion neuer Waren benötigt. Durch Mülltrennung kann also jeder einen Beitrag zur Senkung des Energiebedarfs leisten und dafür sorgen, dass unser Müll zu neuen Gegenständen verarbeitet und nicht einfach verbrannt wird.

GELBER SACK / WERTSTOFFTONNE

Kunststoff: Joghurtbecher, Verpackungen, Styropor, Einweg-Plastikflaschen
Aluminium: Take-Away-Schale, Alufolie
Weißblech: Konservendosen
Verbundstoffe: Getränkekartons, beschichtete Tiefkühlverpackungen, Kaffeeverpackungen

PAPIER

Papier: Zeitungen, Zeitschriften, Geschenkpapier, Mehltüten
Pappe: Bastelpappe, Pappverpackungen
Karton: Eierkartons, Schuhkartons

BIOABFÄLLE

Küchenabfälle: Speisereste, Kaffeesatz, Tee, Schalen, Kerne, verdorbene Lebensmittel
Gartenabfälle: Blumen, Grünschnitt, Laub

RESTMÜLL

Alle Stoffe, die nicht verwertbar, aber ungefährlich sind: Windeln, Hygieneartikel, Gummi, Porzellan, stark verschmutztes Papier, Kassenzettel (enthält BPA, bitte nicht in den Papiermüll geben)

GLAS

Behältergläser: Gurkenglas, Weinflasche, Ölflasche, pfandfreie Glasflasche

SPERRMÜLL

Möbel, Altholz, Bauholz: von Stadt zu Stadt variieren die Abholbedingungen, online können in der Regel Informationen eingeholt werden. Alternativ kann Sperrmüll jederzeit zum Wertstoffhof gebracht werden.

SONDERMÜLL

Elektrogeräte, Energiesparlampen, Batterien, Farben & Lacke: Diese Gegenstände enthalten Giftstoffe und sollten daher entweder zu einem Wertstoffhof oder in den Fachhandel gebracht werden.

Medikamente: Bitte nicht in der Toilette / durch den Abfluss entsorgen. Die Rückstände lassen sich nur schwer bis gar nicht herausfiltern. Entweder zu einer Apotheke bringen oder in den Restmüll werfen.

KONSERVENDOSE ODER LEBENSMITTEL IM GLAS – WAS IST BESSER?

Bei einigen Supermarkt-Produkten lässt sich Verpackungsmüll nicht vermeiden. Mais, Kichererbsen, Bohnen & Co werden oftmals in zwei verschiedenen Verpackungen angeboten: Konservendose oder Glas. Doch zu welcher Variante sollte man greifen?

PRODUKTION

Konserve: Konservendosen sind in der Herstellung sehr energieaufwendig. Die Produktion von Aluminiumdosen birgt zusätzlich Umweltbelastungen und Risiken.

Glas: Um Glas herzustellen, wird enorm viel Energie in Form hoher Temperaturen benötigt. Durch eine lange Verwendung von Glas kann dieser Aufwand zu Teilen ausgeglichen werden.

GESUNDHEIT

Konserve: Nicht selten werden Konservendosen innen mit einem speziellen Lack beschichtet. Dieser Lack enthält die gesundheitsschädliche Chemikalie BPA. Das BPA kann in die Lebensmittel übergehen.

Glas: Glas ist aus lebensmittelhygienischer Sicht eine hochwertige Verpackung. Es findet kein Stoffaustausch zwischen Lebensmittel und Verpackung statt.

RECYCLING

Konserve: Lebensmitteldosen lassen sich sehr gut recyclen, und zwar ohne Qualitätsverlust. Durch Recycling von Aluminum kann viel Energie gespart werden. Die Aufbereitung von Aluminium erfordert nur fünf Prozent der Herstellungsenergie für neues Aluminium. Da viele Dosen jedoch fälschlicherweise im Restmüll statt im Gelben Sack landen, ist die Sammelquote von Altglas höher.

Glas: Glas lässt sich unendlich oft einschmelzen. Laut Umweltbundesamt werden bei der Herstellung von Glasprodukten durchschnittlich 62,7 % Altglasscherben verwendet.

Fazit: Keine von beiden Optionen scheint wirklich optimal zu sein. Am ökologisch vorteilhaftesten wäre ein Verbundkarton, wie das Heidelberger Ifeu-Institut im Jahr 2013 herausgefunden hat. Steht dieser nicht zur Auswahl, gilt: lieber zum Glas greifen. Wünschenswert wäre ein Pfand-Glassystem.

EINKAUFEN

Im Badezimmer und in der Küche fallen im Haushalt die meisten Abfälle an. Simple Maßnahmen beim Einkaufen ermöglichen uns, die Müllmenge drastisch zu reduzieren – und das ohne viel Aufwand.

HELFER FÜR DEN VERPACKUNGSARMEN EINKAUF

Mit der Zeit haben sich einige Helferlein als treue Begleiter erwiesen, die auch außerhalb des Unverpacktladens zumindest einen verpackungsarmen Einkauf ermöglichen. Das „Less Waste Equipment" kann Schritt für Schritt angeschafft werden. Oftmals lassen sich zudem etwa bereits vorhandene Stoffbeutel oder Dosen problemlos umfunktionieren.

> „WIR ERBEN DIE ERDE NICHT VON UNSEREN VORFAHREN, WIR LEIHEN SIE VON UNSEREN KINDERN."
>
> *Indianisches Sprichwort*

JUTEBEUTEL

Der Klassiker: der Stoffbeutel, der unzählige Male wiederverwendet werden kann und die Plastiktüte ersetzt. Es gilt jedoch zu beachten, dass die Produktion einer Stofftasche deutlich energie- und ressourcenaufwendiger als die einer Plastiktüte ist. Im Schnitt ist der Baumwollbeutel laut der Deutschen Umwelthilfe nach 25 bis 32 Verwendungen nachhaltiger als die Plastikeinkaufstüte. Es sollte daher nur eine begrenzte Anzahl an Beuteln angeschafft werden. Zudem ist es ratsam, die Beutel regelmäßig zu waschen.

GEMÜSENETZ

Netze aus Stoff in unterschiedlichen Größen eignen sich, um kleinere lose Lebensmittel wie Pilze, Kartoffeln oder Tomaten zu transportieren. Durch die Löcher im Netz wird an der Kasse auf einen Blick ersichtlich, um welches Lebensmittel es sich handelt.

BROTBEUTEL

Sowohl Brot als auch Brötchen und Teilchen können beim Bäcker in den mitgebrachten Stoffbeutel gelegt werden. Klebrige Teilchen können zusätzlich in einem abwaschbaren und somit wiederverwendbaren Wachstuch verpackt werden. Wie du ein Wachstuch selbst herstellen kannst, zeige ich dir auf Seite 32. So kann auf eine Papierverpackung verzichtet werden. Einige Bäckereien nehmen den Beutel nicht hinter die Theke, eine Befüllung auf der Ladentheke stellt für die meisten aber mittlerweile kein Problem mehr da.

DOSEN

Besonders empfindliche Lebensmittel wie etwa Feigen oder auch leicht feuchte Lebensmittel wie Käse können optimal in Dosen transportiert werden. Bei einer Neuanschaffung wähle ich Dosen aus Metall. Sie sind deutlich robuster als Plastikdosen. Ist die Dose nicht stark verschmutzt, wische ich diese lediglich aus. Das spart Wasser.

MEHRWEG STATT EINWEG

Diese Faustregel gilt sowohl für Getränkeflaschen aus dem Supermarkt als auch den Coffee-To-Go-Becher oder das Geschirr bei der Grillparty. Mehrwegflaschen im Laden lassen sich oftmals nicht auf den ersten Blick von den umweltschädlichen Einwegflaschen unterscheiden. Als Orientierung können Umweltzeichen wie „Der Blaue Engel – Mehrweg" oder „Mehrweg – Für die Umwelt" dienen. Doch nicht alle Mehrwegflaschen tragen die Logos der Umweltzeichen. Auf manchen Flaschen ist das Wort „Mehrweg" eingestanzt oder abgedruckt. Ein weiterer Hinweis: das Pfand für Mehrwegflaschen ist mit 8 oder 15 Cent statt 25 Cent in der Regel niedriger. Mehrwegflaschen werden bis zu 50-mal wiederverwendet.

EINKAUFEN NACH PLAN: LEBENSMITTELABFÄLLE REDUZIEREN

82 kg Lebensmittel wirft jeder Deutsche jährlich im Schnitt in den Müll. Dabei lässt sich ein Großteil des Lebensmittelmülls durch ein bewusstes Einkaufen ganz einfach vermeiden. Ein netter Nebeneffekt: Das Einkaufen kann durch eine gute Planung viel stressfreier werden.

Mit Hilfe eines Wochen-Essensplans können Gerichte vorgeplant und ein exakter Einkaufszettel geschrieben werden. Das mindert Spontankäufe. Gemüse und Obst sollten zudem stets lose in der gebrauchten Menge gekauft werden. Auf Seite 66 findest du eine Anleitung für einen DIY-Speiseplan, der dir die Planung deines Wocheneinkaufs erleichtert.

DIY-BIENENWACHSTÜCHER

Bienenwachstücher sind der optimale Ersatz für Frischhaltefolie. Sie passen sich genauso gut an die Lebensmittel an und haften ebenso gut daran. Darüber hinaus sind sie wiederverwendbar, robust und eignen sich super als Geschenk für Freunde der Nachhaltigkeit!

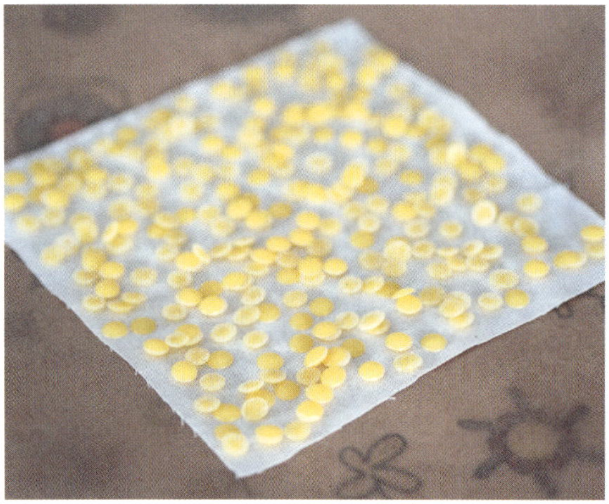

Materialien

Bienenwachs (am Stück oder Pastillen)
Stück Stoff (z. B. altes T-Shirt oder Bettlaken)
Backpapier

Außerdem

Bügeleisen
Bügelbrett
Schere

So geht's

1. Wasche vor dem Verarbeiten den Stoff und schneide ihn in die für dich passende Größe zurecht.
2. Lege nun eine Lage Backpapier auf das Bügelbrett. Das Papier sollte ein gutes Stück größer sein als dein Stoff, da es als Schutz für das Bügelbrett dient. Lege anschließend dein Stoffstück auf das Papier.
3. Verwendest du Bienenwachs am Stück, zerkleinere dieses zunächst. Bienenwachspastillen kannst du direkt auf dem Stoff verteilen. Wenn das Wachs gleichmäßig auf dem Tuch verteilt ist, legst du ein zweites Stück Backpapier oben drauf.
4. Bügle nun das Bienenwachs vorsichtig auf mittlerer Stufe in das Tuch hinein. Wenn keine Stückchen mehr übrig sind, kannst du das Tuch zum Abkühlen aufhängen und im Anschluss gleich als Ersatz für Frischhaltefolie verwenden.

CHALLENGE:

WENIGER-PLASTIK-WOCHE

Auch bei mir liegt weiterhin eine große Differenz zwischen Umweltbewusstsein und Umwelthandeln vor. Oftmals fehlt mir der letzte Impuls zum Umsetzen meiner Ziele. Diese Challenge hat mir geholfen, das Thema Plastik im Alltag konkret anzugehen. Nun soll sie auch dir diesen Impuls geben.

TAG 1:

DIE MÜLL-ANALYSE

Um weniger Plastikmüll zu produzieren, müssen wir im ersten Schritt herausfinden an welchen Stellen dieser anfällt. Nimm deinen Müll dafür einmal ganz genau unter die Lupe. Trag den Abfall in eine Tabelle mit den Spalten „Produkt" und „Maßnahme" ein. Hierzu ein Beispiel:

PRODUKT	MASSNAHME
Kekspackung	selberbacken
Spüliflasche	DIY-Spülmittel (s. Seite 22)
Zahnpastatube	Zahnpasta-tabletten

TAG 2:

EIN BLICK IN DIE SCHRÄNKE

Manche der Maßnahmen, die wir in unserer Tabelle notiert haben, benötigen ein wenig Vorlaufzeit. Wirf daher nicht nur einen Blick in deinen Müll, sondern auch in die (Vorrats-)Schränke. Vielleicht findest du heute bereits ein oder zwei Produkte, bei denen es dir leicht fällt, künftig auf Plastik zu verzichten. Notier dir, wie du das genau anstellen möchtest und was du dazu benötigst. So bist du gewappnet, wenn es soweit ist und vermeidest den „Bequemlichkeits-Plastik-Einkauf".

TAG 3:

PLASTIKFREIER EINKAUF IM SUPERMARKT

Mittlerweile weiß ich, welche Produkte ich in welchem Supermarkt unverpackt oder in einer Papierverpackung erhalte. Meinen Einkauf teile ich bei Bedarf auf. Mit den Helfern für den verpackungsarmen Einkauf gelingt es auch in konventionellen Supermärkten plastikfrei einzukaufen. Nimm dir heute vor, auf sämtliche Plastikverpackungen beim Einkaufen zu verzichten und schau, in welchem Markt du welches Produkt verpackungsfrei erhältst.

TAG 4:

DAS EIGENE DIY-PRODUKT

Beim Herstellen von DIY-Produkten kann man oftmals nicht nur auf Plastikverpackungen verzichten, man spart gleichzeitig Geld und tut sich und der Umwelt zusätzlich etwas Gutes, indem man auf zahlreiche unnötige (teils giftige!) Inhaltsstoffe verzichtet. In diesem Buch findest du einige DIY-Rezepte. Such dir für heute eins aus und ersetze so ein konventionelles Produkt.

TAG 5:

UNGELIEBTE GEWOHNHEITEN BRECHEN

Oftmals kaufen wir bloß aus Bequemlichkeit und reiner Gewohnheit Produkte in Plastikverpackungen. Wenn wir aus unserer Komfortzone ausbrechen, werden wir erstaunt sein wie schnell sich neue plastikfreie Gewohnheiten etablieren. Statt fertige Kekse zu kaufen, habe ich begonnen öfter selber zu backen. Solche kleinen neu gewonnenen Traditionen lassen die ungeliebten Gewohnheiten schnell in Vergessenheit geraten.

TAG 6:

WIEDERVERWENDEN

Bei manchen Produkten fällt es uns vielleicht (noch) ein wenig schwerer auf Plastik zu verzichten. Anderer Plastikmüll gelangt unverhofft zu uns – etwa die Luftpolsterfolie beim Second-Hand-Online-Kauf. Je nach Verpackung / Produkt lohnt es sich die Frage zu stellen: „Kann ich das noch für irgendetwas wiederverwenden, statt es sofort in den Müll zu werfen?" Leere Kosmetik- oder Reinigerflaschen können mit DIY-Produkten wiederbefüllt werden. Plastiktüten können als Müllbeutel herhalten. Schau heute einmal in den Gelben Sack und überleg dir, was du davon doch noch weiterverwenden kannst. Reinige die Verpackung und richte dir eine kleine Sammelstelle für solche Produkte ein.

TAG 7:

RÜCKBLICK & AUSBLICK

Gemeinsam haben wir einiges über uns und unseren Plastikverbrauch lernen können. Zeit, ein kleines Resümee zu ziehen und Pläne für die Zukunft festzuhalten. Beantworte heute bitte diese 3 Fragen:

1. Welche Produkte / welcher Bereich nimmt den größten Anteil meines Plastikmülls ein?

2. An welcher Stelle konnte ich den Konsum von Plastikmüll ohne großen Aufwand sofort reduzieren oder gar ganz einstellen?

3. Welche notierten Maßnahmen zur Reduktion meines Plastikmülls möchte ich als Nächstes angehen?

Schreib dir deine Antworten ruhig auf, statt sie nur gedanklich zu beantworten. So werden dir deutlich mehr Aspekte in den Sinn kommen und die Umsetzung der Maßnahmen wird zudem leichter fallen, sobald diese verschriftlicht wurden. Außerdem kannst du mit deiner Familie und mit deinen Freunden über deine Erfahrungen sprechen. Vielleicht fallen ihnen weitere Tipps ein und ihr könnt gemeinsam nach guten Alternativen suchen.

KOSMETIK

FAKTEN-CHECK

INHALTSSTOFFE

Hormonell wirksame Stoffe in Kosmetika dringen über die Haut in den Körper ein. So können sie Auslöser für Unfruchtbarkeit oder auch bestimmte hormonbedingte Krebsarten wie Brust-, Prostata- und Hodenkrebs sein. Die gute Nachricht: In **Naturkosmetik** sind diese Stoffe verboten.

2001 wurde das erste verlässliche **Naturkosmetik-Siegel** in Deutschland eingeführt.

Seit 2013 sind **Tierversuche** für Kosmetika in der EU grundsätzlich verboten.

30 % der Körperpflegeprodukte enthalten **hormonell wirksame Chemikalien.**

MIKROPLASTIK

Neben dem teils sogar noch sichtbaren **partikulärem Mikroplastik** wird ein Vielfaches an gelösten, gelartigen oder wachsartigen **Polymeren** eingesetzt. Der Einsatz wird auf 23.700 Tonnen pro Jahr geschätzt. Noch eine gute Nachricht: Naturkosmetiklabels verzichten oft auf den Einsatz von Mikroplastik.

Jährlich werden alleine 922 Tonnen partikuläres **Mikroplastik** in Kosmetik eingesetzt.

Schätzungsweise befindet sich bereits über 1 Million Tonnen Mikroplastik in den **Weltmeeren.**

Durch **Kosmetik** produziert jede Person durchschnittlich 19 Gramm Mikroplastik pro Jahr.

PLASTIKFREI IM BAD

Stell dir alleine einmal die Masse an **Zahnbürsten** und **Duschgelflaschen**, die jährlich verbraucht werden, auf einem Haufen vor. Ein ganz schön großer Haufen. Doch auch hier eine gute Nachricht für dich: **Plastikfreie Produkte** schonen nicht nur die Umwelt und sehen besser aus, auf lange Sicht sind sie oftmals sogar günstiger.

Günstige **Plastikprodukte** wie Einwegrasierer enthalten oftmals gefährliches **BPA.**

190 Millionen **Zahnbürsten** werden allein in Deutschland jährlich verkauft.

11,1 Flaschen **Duschgel** à 250 ml verbrauchen die Deutschen jährlich pro Person.

INHALTSSTOFFE

Die Auswahl an Kosmetikprodukten ist sehr umfangreich. Wir haben die Qual der Wahl. Es wäre wünschenswert, dass ihre Inhaltsstoffe nicht nur uns guttun, sondern auch nachhaltig und umweltfreundlich in der Gewinnung sind. Die Liste der Inhaltsstoffe auf den Verpackungen wirft jedoch eher etliche Fragen auf, als dass sie dem Laien deren Eigenschaften erklärt.

WIE KANN ICH ECHTE NATURKOSMETIK AUSFINDIG MACHEN?

Selbst Bezeichnungen wie „Pflanzenkosmetik", „Naturkosmetik" oder Zusätze wie „mit natürlichen Inhaltsstoffen" helfen zunächst nicht unbedingt weiter. Diese Begriffe sind rechtlich nicht geschützt und die Produkte können daher neben einigen natürlichen Inhaltsstoffen umwelt- und gesundheitsgefährdende Stoffe enthalten.

Doch keine Sorge – du musst deshalb nicht sämtliche komplizierte Namen für Inhaltsstoffe der Kosmetikindustrie auswendig lernen, um sicher zu gehen, auch tatsächlich unbedenkliche Naturkosmetik zu erwischen! Gerne möchte ich dir zwei Tipps an die Hand geben, mit denen dir das im Handumdrehen gelingt.

TIPP 1: ÜBERPRÜFUNG DER INHALTSSTOFFE PER APP

Jedes Produkt verfügt über einen individuellen Bar-Code. Mit diesem erhältst du binnen weniger Sekunden detaillierte Informationen über das Produkt. Scanne den Code einfach mit einer der beiden Apps.

Codecheck: Dank eines Ampelsystem weißt du nach dem Scannen sofort, ob ein Kosmetikprodukt unbedenklich (grün), bedenklich (gelb) oder sehr bedenklich (rot) ist. Die Einschätzung wird detailliert aufgeschlüsselt, wodurch du erfährst, ob das Produkt etwa Mikroplastik oder Palmöl enthält. Die Codecheck-App kannst du außerdem auch zur Überprüfung von Lebensmitteln nutzen.

ToxFox: Als Ergänzung zur umfangreichen Codecheck-App prüft ToxFox Kosmetikprodukte auf hormonell wirksame Chemikalien. Diese werden unter anderem als günstige Konservierungsstoffe eingesetzt und können Ursache für Unfruchtbarkeit, Diabetes und weitere Erkrankungen sein.

TIPP 2: NATURKOSMETIK-SIEGEL

Zwar ist nicht unbedingt jedes „echte" Naturkosmetikprodukt zertifiziert, doch findest du eines der folgenden Siegel auf einem Produkt, kannst du dich weitgehend darauf verlassen, dass es sich um ein natürliches Produkt handelt. Trotzdem ist es gut zu wissen, was genau hinter dem jeweiligen Siegel steckt.

BDIH	Pflanzliche Rohstoffe überwiegend aus ökologischem Anbau. Synthetische Farb- und Duftstoffe, Silikone, Paraffine sowie andere Erdölprodukte sind nicht erlaubt.
NATRUE	Ein Produkt erhält nur das NATRUE-Siegel, wenn mindestens 75% der Produktserie den NATRUE-Standard erfüllen (verhindert Greenwashing), wobei nur natürliche oder naturnahe/naturidentische Rohstoffe bei den Inhaltsstoffen erlaubt sind.
Ecocert	Unterscheidung zwischen Naturkosmetik und Biokosmetik. Naturkosmetik: mindestens 50 % pflanzliche Stoffe und mindestens 5 % aus ökologischem Anbau. Biokosmetik: 95 % pflanzliche Stoffe und 10 % aus ökologischem Anbau.
Demeter	Die Kosmetikprodukte müssen einen Demeter-Rohstoffanteil von 90 % aufweisen. Zudem muss auf den Einsatz von Nanopartikeln, Mineralöl und Gentechnik verzichtet werden.
Blauer Engel	Gewässer- und gesundheitsbelastende Stoffe werden weitgehend vermieden. Werden nachwachsende Rohstoffe eingesetzt, müssen diese unter nachhaltigen Bedingungen angebaut werden bzw. den nachhaltigen Anbau fördern.
COSMOS ORGANIC **COSMOS**	Entwickelt von BDIH, Cosmébio, Ecocert, ICEA und Soil Association. COSMOS ORGANIC gilt für Produkte mit den erforderlichen Mengen an Bio-Bestandteilen. Die COSMOS Kennzeichnung erfolgt immer unter dem Zeichen des Zertifizierers oder des verantwortlichen Verbands, z.B. BDIH, Ecocert.
ICADA	Keine vom Bio-Anteil abhängige, komplizierte Einteilung in unterschiedliche Klassen. Alle Stoffe erlaubt, die in der Natur vorkommen, ausgenommen Rohstoffe von toten Wirbeltieren. Über in der Natur vorkommende Prozesse hergestellte Rohstoffe sind ebenfalls erlaubt.
Austria Bio Garantie	Die Produkte sind nach der „Richtlinie für die biologische Produktion, Abschnitt Biokosmetika" zertifiziert. Die zertifizierten Produkte werden streng von den Kontrollstellen kontrolliert. Die Kontrolle wird wiederum vom Ministerium überwacht.

MIKROPLASTIK

Als Mikroplastik werden Plastikteilchen bezeichnet, die kleiner als fünf Millimeter sind. Zu einem Teil wird Mikroplastik industriell hergestellt, um dann in Kosmetika oder Reinigungsmitteln Verwendung zu finden. Die Partikel sorgen etwa für einen Peeling-Effekt in Gesichtsreinigern und dienen als Scheuerpartikel für Putzmittel. Gleichzeitig entsteht Mikroplastik beim Zerfall von größeren Plastikteilen: etwa beim Waschen von Kleidung aus Synthetikfasern oder auch durch die Abnutzung von Gummireifen.

Bei Meereslebewesen sowie Seevögeln konnte eine hohe Belastung ihrer Verdauungsorgane, insbesondere ihrer Mägen, mit Mikroplastikpartikeln nachgewiesen werden. Wie sich das Mikroplastik auf die Gesundheit des Menschen auswirkt, wurde bisher wenig erforscht. Es fehlen Langzeitstudien. Doch auch wir nehmen es auf. In unseren Böden befindet sich bereits mehr Plastik als in den Weltmeeren, das wir zum Beispiel über Agrarprodukte zu uns nehmen.

WIE KANN MIKROPLASTIK VERMIEDEN WERDEN?

1. Beim Kauf von Kosmetikprodukten oder Wasch- und Reinigungsmitteln darauf achten, dass kein Mikroplastik enthalten ist.

2. Beim Kauf von Textilien auf Kleidungsstücke aus natürlichen Fasern zurückgreifen.

3. Bereits vorhandene Kunstfaser-Kleidung im GUPPYFRIEND, einem speziellen Waschsack, waschen.

HINTER DIESEN INHALTSSTOFFEN VERBIRGT SICH MIKROPLASTIK

In diesem Kapitel möchten wir uns das Mikroplastik in Kosmetikprodukten ein wenig genauer ansehen. Für zertifizierte Naturkosmetik-Produkte ist Mikroplastik nicht zugelassen. Solltest du auf andere Kosmetikprodukte zurückgreifen, halte nach diesen Inhaltsstoffen Ausschau und vermeide Produkte mit ihnen, damit kein Mikroplastik auf deine Haut und in das Abwasser gelangt:

MERKZETTEL

ACHTUNG MIKROPLASTIK!

ACRYLATES COPOLYMER **(AC)**
POLYACRYLATE **(PA)**
POLYETHYLENE TEREPHTHALATE **(PET)**
ACRYLATE CROSSPOLYMER **(ACS)**
POLYMETHYL METHACRYLATE **(PMMA)**
POLYPROPYLENE **(PP)**
DIMETHICONOL
POLYQUATERNIUM **(PQ)**
POLYPROPYLENE GLYCOL **(PPG)**

METHICONE
POLYETHYLENE **(PE)**
POLYSTYRENE **(PS)**
POLYAMIDE **(PA, NYLON)**
POLYETHYLENE GLYCOL **(PEG)**
POLYURETHANE **(PUR)**
SILOXANE
SILSESQUIOXANE

PLASTIKFREI IM BAD

Nachdem wir uns dem winzigen Mikroplastik gewidmet haben, nehmen wir nun das omnipräsente Plastik im Badezimmer genauer unter die Lupe. Durch Verpackungen und Einmal-Produkte, wie Zahnbürsten oder Rasierer, kommt eine große Menge Kunststoff zusammen.

CHECK-LISTE: PLASTIKFREI

Keineswegs sollte sämtliches Plastik sofort verbannt werden. Brauche zunächst die vorhandenen Produkte auf und suche vor dem nächsten Nachkaufen eine für dich passende nachhaltige und plastikfreie Alternative.

Die Umstellung wird Stück für Stück geschehen. Erste Erfolge kannst du in der Check-Liste auf der nächsten Seite festhalten und abhaken oder du fertigst dir eine eigene individuelle Liste an.

Ersetze …	durch …	
Plastikzahnbürste	Bambuszahnbürste	○
Zahnseide in Plastik	Nachfüllbare Zahnseide im Glas	○
Zahnpasta in Tube	Zahnputztabletten	○
Flüssiges Shampoo	Haarseife oder festes Shampoo	○
Haarspülung	Apfelessig	○
Duschgel	Feste Seife	○
Handwaschgel	Feste Seife	○
Gesichtsgel	Gesichtsseife	○
Gesichtscreme	Öl im Glas	○
Lippenpflegestift	Kokosöl	○
Einweg-Rasierer	Rasierhobel	○
Rasierschaum	Rasierseife	○
Plastik-Wattestäbchen	Holz / Papier-Wattestäbchen oder waschbarer Ohrreiniger	○
Tampons / Binden	Menstruationstasse / Stoffbinden / Periodenunterwäsche	○
Bodylotion	Öl im Glas	○
Deoroller	Festes Deo oder Deo-Creme	○
Watte-Pads	Waschbare Abschminkpads	○
Feuchte Abschminktücher	Waschlappen	○
Toilettenpapier	Po-Dusche	○

SCHADSTOFFFREI IM BAD

DO IT YOURSELF!

Viele der Pflegeprodukte, die wir täglich verwenden, kannst du ganz einfach selbst herstellen. So ist sichergestellt, dass keine für dich und die Umwelt schädlichen Stoffe enthalten sind. Gleichzeig kannst du auf Plastikverpackungen verzichten.

DIY-MUNDWASSER

Zutaten
300 ml Wasser
50 g Birkenzucker (Xylit)
2 TL Natron
10 Tropfen ätherisches Öl

Die Wahl des richtigen Öls
Bei Entzündungen: Teebaumöl
Bei Mundgeruch: Pfefferminzöl
Bei Zahnschmerzen: Nelkenöl

So geht's

1. Das Wasser abkochen und abkühlen lassen.
2. Zunächst die trockenen Zutaten in eine geeignete Flasche geben. Anschließend mit dem Wasser auffüllen und das Öl hinzugeben.
3. Die Flasche mit der Flüssigkeit schütteln, bis sich alle Zutaten vermengt haben.
4. Nach dem Zähneputzen einen großen Schluck Mundwasser für 1 Minute im Mund behalten und wieder ausspucken. Nicht mit Wasser nachspülen.

HINWEIS

Das Mundwasser hält sich im Kühlschrank 1–2 Wochen. Vor jeder Anwendung erneut kräftig schütteln.

DIY-HAARSPRAY

HINWEIS

Die Zuckermenge muss je nach Haarstruktur und Bedürfnissen angepasst werden. Im Kühlschrank lagern und nicht mehr verwenden, sobald sich die Flüssigkeit verändert. Vor jeder Anwendung kräftig schütteln.

Zutaten

200 ml Wasser
5 EL Zucker

So geht's

1. Das Wasser abkochen und abkühlen lassen.
2. Den Zucker im Wasser vollständig auflösen.
3. Das Gemisch in eine geeignete Flasche mit feinem Sprühkopf geben.

WOHNEN

FAKTEN-CHECK

HEIZEN

Mit dem Einstellen der richtigen **Raumtemperatur** kann zusätzlich Energie eingespart werden. Für die Wohnbereiche sind 20 bis 22 Grad in der Regel optimal, in der Küche genügen 18 Grad und im Schlafzimmer sollte die Temperatur sogar lediglich 16 bis 18 Grad betragen.

Heizen verbraucht 70 % des Energiebedarfs im Bereich Wohnen.

Durch das Schließen von **Rollläden** wird der Wärmeverlust um bis zu 20 % gesenkt.

Dank programmierbarer **Thermostatventile** kann 10 % Heizenergie eingespart werden.

ÖKOSTROM

Im ersten Halbjahr 2018 wurde 24,5 % des öffentlichen Stroms aus Braunkohle erzeugt. Windkraft lag mit 20,2 % auf Platz 2. Weitere **nachhaltige Stromquellen** sind Solarenergie (8,2 %), Biomasse (8,5 %) und Wasserkraft (4,2 %). 12,7 % des Stroms aus unseren Steckdosen wurde 2018 aus Kernenergie gewonnen.

Der Anteil **Erneuerbarer Energien** ist von 19,1 % (2010) auf 40,4 % (2018) gestiegen.

Die **CO_2-Emission** durch Stromerzeugung ist von 366 Millionen Tonnen (1990) auf 273 Millionen Tonnen (2018) gesunken.

Die Umweltbelastung einer **LED** ist um 80 % geringer als die einer Glühbirne.

EINRICHTEN

Manches Möbelstück begleitet uns über mehrere Jahrzehnte, manches übersteht aufgrund der schlechten Qualität nicht einmal den nächsten Umzug. In Deutschland kommen so jährlich über 2,5 Millionen Tonnen **Sperrmüll** zusammen.

27 % der Deutschen achten beim **Möbelkauf** stärker auf den **Preis** als auf die Qualität.

In Deutschland werden **Küchenmöbel** im Schnitt nach 15 Jahren und **Polstermöbel** nach 8 Jahren ersetzt.

Je mehr **Massivholz** Möbel enthalten, desto besser die Ökobilanz. Kunststoffteile verursachen höhere CO_2-Emissionen.

HEIZEN

Das Heizen beansprucht einen großen Anteil des Energiebedarfs im Bereich Wohnen. Gleichzeitig liegt der Anteil des CO_2-Ausstoßes in diesem Bereich bei 60 Prozent. Mit den folgenden 10 Tipps für nachhaltiges Heizen kannst du also Energie und CO_2 einsparen.

TIPP 1: DIE RICHTIGE TEMPERATUR WÄHLEN

Wie bereits erwähnt gibt es für jeden Raum die richtige Temperatur (siehe Fakten-Check). Diese sollte nicht überschritten werden, um Energie zu sparen. Zudem kann die Temperatur bei Abwesenheit tagsüber oder auch während eines Urlaubs zusätzlich gesenkt werden. Die Heizung sollte im Winter jedoch niemals komplett ausgeschaltet werden, da es viel Energie kostet, ausgekühlte Räume wieder komplett neu aufzuheizen.

TIPP 2: WAND HINTER DEM HEIZKÖRPER ISOLIEREN

Ein Großteil der Wärme geht über die Außenwände verloren. Der Verlust kann durch die Platzierung von Styroporplatten oder simpler Alufolie direkt hinter den Heizkörpern reduziert werden.

TIPP 3: VERALTETE THERMOSTATE AUSTAUSCHEN

Gerade in Mietwohnungen sind nicht wenige Drehknöpfe an den Heizungen mehrere Jahrzehnte alt. Diese können durch neue programmierbare Thermostate ausgetauscht werden. Durch die neuen Thermostatventile können bis zu 10 % Heizenergie eingespart werden.

> *„Köpfe, die nur den Nutzen und das Brauchbare bedenken, benutzen und verbrauchen die Welt."*
>
> Friedrich Georg Jünger

TIPP 4: HEIZKÖRPER ENTLÜFTEN

Luft in den Heizkörpern verhindert den optimalen Durchfluss des aufgeheizten Wassers. Dadurch wird mehr Energie benötigt, um den Raum auf die gewünschte Temperatur zu erwärmen. Zu Beginn der Heizsaison sollten daher stets sämtliche Heizkörper mit Hilfe des Ablaufventils entlüftet werden.

TIPP 5: HEIZKÖRPER FREI RÄUMEN

Die durch den Heizkörper aufgewärmte Luft muss gut zirkulieren können, um den gesamten Raum aufzuheizen. Heizkörper sollten daher weder von Möbeln noch von schweren Vorhängen verdeckt werden.

TIPP 6: RICHTIG LÜFTEN

Das regelmäßige Lüften ist wichtig für ein gutes Raumklima. Die Fenster sollten jedoch geschlossen bleiben, solange die Heizung läuft. Lieber dreimal täglich für zehn Minuten Stoßlüften und so für frische Luft sorgen. Die Heizung sollte während des Lüftens ausgestellt sein.

TIPP 7: TÜREN GESCHLOSSEN HALTEN

In Küche und Schlafzimmer sollte die Raumtemperatur bei 18 Grad liegen, im Badezimmer hingegen darf es mit 22 Grad ein wenig wärmer sein. Damit die Räume jeweils optimal beheizt werden können, sollten die Türen geschlossen bleiben.

TIPP 8: DIE RICHTIGE KLEIDUNG

Gerade ohne Fußbodenheizung wird unser Kälteempfinden oftmals getäuscht. Daher gilt: im Winter auch in der Wohnung lieber auf Kuschelpulli und dicke Socken zurückgreifen statt auf Shorts und T-Shirt.

TIPP 9: NACHTS DIE ROLLLÄDEN SCHLIESSEN

Neben den Außenwänden geht viel Wärme durch das Glas der Fenster und Türen verloren. Daher sollten gerade nachts die Scheiben durch Rollläden oder Vorhänge verdeckt werden.

TIPP 10: HEIZUNG AUSTAUSCHEN

Bei veralteten Heizungsanlagen ist es wohl am effektivsten, diese durch umweltfreundliche Alternativen, wie eine Wärmepumpe, Solarheizung oder einen Holzpellet-Ofen, zu ersetzen. Zwar sind die Kosten und der Aufwand für diesen Tipp am höchsten, doch mit den Jahren lohnt es sich gleich doppelt: für die Umwelt und den eigenen Geldbeutel.

ÖKOSTROM

Konventionelle Stromerzeugung, wie die Verbrennung von Stein- und Braunkohle, kostet viele wertvolle Ressourcen, deren Gewinnung die Natur und unsere Umwelt stark belastet. Daher ist es wichtig, sich bewusst für Erneuerbare Energien zu entscheiden.

WARUM IST ÖKOSTROM NICHT GLEICH ÖKOSTROM?

Strom spielt in unserem Alltag eine große Rolle. Ohne ihn säßen wir abends im Dunkeln, könnten unsere Lebensmittel nicht kühlen und müssten unsere Kleidung per Hand waschen. Er ist allgegenwärtig und dennoch nicht sichtbar. Oftmals steht die Herkunft des Stroms daher nicht im Fokus bei der Umstellung zum nachhaltigeren Leben. Dabei ist der Wechsel denkbar einfach und die Wirkung weitreichend.

Mittlerweile bietet beinahe jeder große Stromkonzern einen sogenannten Ökotarif an. Das macht es verlockend, beim aktuellen Stromanbieter zu bleiben und lediglich den Tarif zu wechseln.

Konventionelle Anbieter beziehen den Großteil des Stroms aus umweltschädlichen Quellen wie Braunkohle oder Atomkraft. Diese Produktion wird indirekt mit dem monatlichen Stromabschlag auch bei der Wahl des Öko-Tarifs desselben Anbieters weiterhin unterstützt.

Der Wechsel zu einem Ökostromanbieter setzt daher ein klares Zeichen. Ökostromanbieter beziehen ihren Strom zu 100 % aus erneuerbaren Quellen, wie Sonnenenergie, Wind- oder Wasserkraft. Zudem besitzen sie keine Beteiligung an Atomkraftwerken und investieren aktiv in den Ausbau Erneuerbarer Energien.

WIE WECHSLE ICH MEINEN STROMANBIETER?

Auf den Unternehmenswebsites der Ökostromanbieter in Deutschland aus der nebenstehenden Liste kannst du dich über die Arbeit des jeweiligen Anbieters genauer informieren. Wähle den für dich passenden Anbieter und wende dich an diesen mit deinem Wechselwunsch.

Der Wechsel des Stromanbieters lässt sich in der Regel innerhalb eines Monats umsetzen und der neue Anbieter kümmert sich um die Kündigung des alten Tarifs. Ein Wechsel ist kostenlos und lässt sich innerhalb von 10 Minuten realisieren. Je nach Tarif ist dein neuer Ökostrom vielleicht sogar günstiger oder kostengleich – du wirst überrascht sein!

3 SIMPLE TRICKS ZUM STROMSPAREN

Trotz Öko-Strom solltest du natürlich sparsam mit dieser Ressource umgehen. Meine Top-3-Tipps zum Stromsparen, die sofort umgesetzt werden können:

1. **Geräte komplett vom Strom nehmen und nicht nur in den Stand-by-Modus schalten**
2. **Waschtemperatur der Waschmaschine senken**
3. **In den halb leeren Kühlschrank mit Wasser gefüllte Töpfe stellen**

Beim Öffnen des Kühlschranks strömt stets kalte Luft hinaus und warme hinein. Es wird viel Energie benötigt, um diese Luft abzukühlen. In einem vollen Kühlschrank befindet sich weniger Luft und die darin befindlichen Gegenstände speichern die Kälte. Daher verbraucht ein voller Kühlschrank weniger Energie als ein leerer.

10 ÖKOSTROMANBIETER IN DEUTSCHLAND

BÜRGERWERKE
ENERGIE IN GEMEINSCHAFT

NATURSTROM
ENERGIE MIT ZUKUNFT

EWS
ELEKTRIZITÄTSWERKE SCHÖNAU

POLARSTERN
WIRKLICH BESSERE ENERGIE

GREENPEACE ENERGY
MEIN STROM. MEIN GAS. MEINE ENTSCHEIDUNG.

LICHTBLICK
GENERATION REINE ENERGIE

ÖKOSTROM+
DER ÖKOSTROM MIT DEM PLUS FÜR ALLE

MANNSTROM

ENTEGA

GRÜNSTROMWERK

EINRICHTEN

In unseren eigenen vier Wänden möchten wir uns wohlfühlen. Die Wahl der richtigen Einrichtungsgegenstände leistet dazu einen entscheidenden Beitrag. Möbel sollten aber nicht nur uns, sondern auch der Umwelt guttun.

LANGLEBIGKEIT UND MULTIFUNKTIONALITÄT VON MÖBELN

Seit meinem Auszug von zu Hause habe ich nun schon in vier verschiedenen Wohnungen gelebt. Noch immer nutze ich einige große Möbel sowie viele kleine Gegenstände aus meiner ersten Wohnung. Aktuell richte ich mein erstes kleines eigenes Büro ein, in dem ich einige weitere Dinge aus meinen vorherigen Wohnungen zweckentfremdet einsetze. Mit ein wenig Fantasie wird ein Gewürzregal zum Bücherständer oder eine alte Schublade zum Tablet.

Wie jede Kaufentscheidung sollte auch die Anschaffung von neuen Möbelstücken gut durchdacht werden. Stell dir daher vor jedem Kauf diese Fragen:

1. **Brauche ich es wirklich?**
2. **Bekomme ich es auch Second Hand? (siehe S. 51)**
3. **Ist es robust? Kann ich es für den nächsten Umzug problemlos ab- und wieder aufbauen?**
4. **Ist der Stil zeitlos und gefällt es mir auch in einigen Jahren noch?**
5. **Kann es zu einem späteren Zeitpunkt zweckentfremdet werden? (z. B. Wickelkommode)**
6. **Erfüllt es mehrere Funktionen?**
7. **Wurde es fair produziert und stammt das Holz aus nachhaltiger Forstwirtschaft?**

Neben großen Möbelhäusern gibt es mittlerweile diverse kleinere Marken und Shops, die nachhaltige Möbelstücke anbieten. Auf meinem Blog habe ich diese zusammengetragen – du kannst unter **sub-voyage.de/interior-guide** bei Bedarf jederzeit in der Liste stöbern.

MÖBEL AUS ZWEITER HAND

In den letzten Jahrzehnten wurden viele Möbel produziert. Viele davon landen trotz guten Erhalts auf der Mülldeponie. Für die Produktion neuer Möbelstücke werden Ressourcen und Energie benötigt. Am nachhaltig sinnvollsten ist es daher, die bereits vorhandenen Produkte weiter zu nutzen. Es gibt unterschiedliche Bezugsquellen für Möbel aus zweiter Hand.

FAMILIE / FREUNDE

Deine Oma hat keine Verwendung mehr für ihre alte Kommode? Der Nachbar zieht in eine kleinere Wohnung und benötigt nicht mehr all seine Möbel? Vielleicht findest du bei Renovierungen von Freunden und Familie genau das, was du suchst.

ANTIKLÄDEN

Du schätzt Möbelstücke mit besonderer Geschichte? In einem Antiquitätenladen wirst du gewiss fündig.

FLOHMARKT

Es kann große Freude machen, auf einem Flohmarkt auf Streifzug zu gehen und mit ein wenig Geduld das für dich passende Möbelstück zu finden.

SOZIALKAUFHAUS

Hier kannst du wahre Schnäppchen machen. Viele Sozialkaufhäuser sind mittlerweile überfüllt und haben einen Aufnahmestopp verhängt. Du nimmst in solchen Fällen also auch niemandem etwas weg.

SPERRMÜLL

Ich liebe mein Sideboard vom Sperrmüll! Wie du auf dem Foto sehen kannst, ist es noch einwandfrei erhalten. Wenn du die Augen offen hältst, kannst du am Straßenrand wahre Schätze finden.

ONLINE-KLEINANZEIGEN

Wird in deiner Stadt ein bestimmtes Teil aktuell nicht gebraucht angeboten, kannst du bei versendbaren Gegenständen gewiss auf deutschlandweiten Kleinanzeigen-Plattformen fündig werden.

SOZIALE MEDIEN

Auf Facebook findest du lokale Gruppen, in denen gebrauchte Gegenstände angeboten werden. In sogenannten Free-your-stuff-Gruppen werden sie sogar verschenkt.

MÖBEL SELBER MACHEN

Besonders nachhaltig sind auch selbst gebaute Möbel. Werte entweder ein altes Möbelstück auf oder baue dir dein eigenes Teil nach deinen Vorstellungen und mit nachhaltig produzierten Materialien.

DIY-VASEN

Altglas habe ich zu Hause mehr als genug – warum den Gläsern nicht neues Leben einhauchen, statt sie direkt wegzubringen? Diese Vasen setzen in unserer Wohnung besondere Akzente und eignen sich zudem prima zum Verschenken.

Materialien
Spülmittel
Altglas
Kreppband
Sprühlack

Werkzeug
Bleistift
Säge
Lochsäge
Schere
Lineal

So geht's

1. Reinige dein Altglas gründlich und entferne im Wasserbad Etiketten rückstandslos. Verwende beim Reinigen ein wenig Spülmittel, um eventuelle Fettrückstände zu lösen. Trockne das Glas anschließend gut ab.
2. Beklebe das Glas in der Mitte rundherum mit Kreppband. Dieser Streifen wird nicht lackiert. Bei der Dicke des Streifens kannst du nach Belieben variieren.
3. Nun kommt Farbe ins Spiel. Am besten lassen sich die Vasen mit Sprühlack färben. Hast du noch Flüssiglackreste übrig, kannst du das Glas auch bepinseln. Arbeite bei der Verwendung von Lack immer im Freien und mit einer geeigneten Unterlage. Besprühe oder bepinsle die freien Flächen deines Glases. Pass aber beim Sprühen auf, dass du nicht in das Glas hinein sprühst, da deine abgeklebte Fläche sonst von innen gefärbt wird.
4. Lass deine Vasen mehrere Stunden an der frischen Luft trocknen, damit der Lack vollständig aushärten kann. Anschließend kannst du deine neuen alten Vasen endlich mit Wasser füllen und deine Lieblingsblumen hineinstellen.

HINWEIS

Das verschönerte Altglas dient nicht nur als Vase – du kannst es auch als Stiftehalter oder für deine Kochlöffel in der Küche verwenden.

ERNÄHRUNG

FAKTEN-CHECK

SAISONAL

Das rege Importwesen ermöglicht es heute, das ganze Jahr über alles zu essen. 2018 wurde Obst und Gemüse im Wert von 4,336 Millionen Euro nach Deutschland importiert. Dabei sorgt eine Anpassung des Speiseplans an die **Jahreszeiten** ganz automatisch für bunte Abwechslung auf dem Teller.

90 kg Gemüse isst ein Deutscher im Schnitt pro Jahr.

Das beliebteste Obst der Deutschen ist mit einem Pro-Kopf-Verbrauch von 19,5 Kilogramm der **Apfel.**

Die größte Auswahl an **Gemüse** gibt es zwischen Juni und Oktober. Es gibt aber auch Wintergemüse.

REGIONAL

Ein regionales Produkt ist **„aus der Region für die Region"**. Es wird innerhalb einer abgegrenzten Region erzeugt, verarbeitet und vermarktet. Der Begriff „Region" ist gesetzlich nicht definiert und wird daher unterschiedlich interpretiert und verwendet. In manchen Supermärkten ist damit der Umkreis von 10 Kilometern gemeint, manchmal bezieht er sich nur auf die Herkunft aus Deutschland oder Europa.

Spitzenreiter bei der Einfuhr von frischem Gemüse ist mit rund 700.000 Tonnen die **Tomate.**

0,85 Millionen Tonnen an **Obst** wurden 2017 in Deutschland **geerntet.**

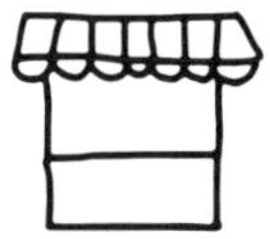

Rund zwei Drittel der Käufer bevorzugen **regional produzierte Produkte.**

BIOLOGISCH

Bei Bio-Lebensmitteln zeigte sich im Jahr 2017 ein **Umsatzwachstum** von 5,9 % auf 10 Milliarden Euro. Dazu führten vor allem Umsatzsteigerungen bei Trockenprodukten, Milch-, Molkerei- und Fleischprodukten. Dennoch sind **Bio-Lebensmittel** nach wie vor Nischenprodukte.

2017 gab es in Deutschland 29.174 **Bio-Höfe.** Das sind rund 10 % aller Landwirtschaftsbetriebe.

2017 lag der **Bio-Umsatz** in Deutschland bei 10,04 Milliarden Euro.

Die Emissionen von **Treibhausgasen** liegen bei Bio-Lebensmitteln 10–35 % niedriger als bei konventioneller Ware.

REGIONAL UND SAISONAL EINKAUFEN

Regionales Obst und Gemüse umfasst die Auswahl an Produkten, die in deiner Region gerade Saison haben. In vielen Supermärkten werden diese Produkte gesondert gekennzeichnet. Prüfe hier, wie der Begriff „Regional" definiert ist. Neben dem Supermarkt gibt es weitere Möglichkeiten regional einzukaufen.

WOCHENMARKT

Auf dem Wochenmarkt hast du die Chance, mit den Landwirten in direkten Kontakt zu treten. Hake nach, welche Produkte tatsächlich aus eigenem Anbau stammen. Neben Produkten aus der Region werden auch auf dem Markt meist weitere Alternativen aus dem Großmarkt angeboten.

BIO-HOFLADEN

Im Hofladen werden meist nur die Produkte aus eigener Erzeugung verkauft. Neben dem Kontakt mit den Landwirten hast du unter Umständen vor Ort sogar die Möglichkeit, dir die Felder und Tierhaltung anzuschauen. Informier dich, wo der nächstgelegene Bio-Hofladen liegt und statte ihm einen Besuch ab.

MARKTSCHWÄRMER

Online bestellen und um die Ecke abholen. Das ist das Prinzip von **„Marktschwärmer"**. Im Online-Shop erwartet dich eine bunte Auswahl an Produkten aus der Region. Das Angebot reicht von Grundnahrungsmitteln wie Kartoffeln bis hin zu verarbeiteten Lebensmitteln wie Backwaren. Bei der Abholung sind viele der Erzeuger vor Ort und du kannst dich direkt mit ihnen unterhalten. Bereits über 80.000 Deutsche beziehen Lebensmittel über „Schwärmereien", die es an unterschiedlichen Standorten gibt. Du kannst sogar selbst eine Schwärmerei eröffnen und so die Wende hin zu mehr Regionalität und Fairness vorantreiben.

REGIONALE ALTERNATIVEN FÜR EXOTEN

Exotische Lebensmittel wie Chiasamen und Avocado sind trendy und erleben einen wahren Hype. Regionale Alternativen, die mit gleichen Eigenschaften trumpfen können, rücken dabei in den Hintergrund und geraten in Vergessenheit. Für vier dieser Exoten möchte ich dir das regionale Pendant vorstellen.

LEINSAMEN STATT CHIASAMEN

Flachs wird in Europa bereits seit Tausenden von Jahren angepflanzt. Aus den Fasern der Pflanze entsteht Leinen für die Textilbranche. Die Leinsamen des Flachs wirken sich ähnlich positiv auf das Verdauungssytem aus wie Chiasamen. Der heimische Samen spart nicht nur CO_2 ein, er ist auch um einiges günstiger: ein Kilogramm Chiasamen kostet etwa 14 Euro, ein Kilogramm Leinsamen um die 3 Euro. Leinsamen sollten vor dem Verzehr geschrotet werden, so können sie deutlich besser verwertet werden. Es gibt die Samen bereits geschrotet zu kaufen. Diese sind jedoch nicht so lange haltbar wie die ganzen Samen.

HIRSE STATT QUINOA

Fast der gesamte deutsche Quinoa-Import stammt aus Mittelamerika. Hirse stammt zwar ursprünglich aus Asien, wird aber mittlerweile in verschiedenen europäischen Ländern angebaut – darunter auch Deutschland. Hirse ist eine gute Quelle für pflanzliches Eisen. Da Hirse ein Pseudogetreide ist, eignet es sich für Menschen mit Glutenunverträglichkeit.

WALNUSS STATT AVOCADO

Avocados werden aufgrund ihrer guten Fette geschätzt. In Deutschland haben wir ein heimisches Superfood, das sogar noch mehr ungesättigte Fettsäuren als die Avocado enthält und selbst im Garten meiner Schwiegereltern wächst: die Walnuss. Walnüsse lassen sich gut und lange lagern. Sie können pur als Snack gegessen werden, als Topping für Salate herhalten oder zu einem Brotaufstrich verarbeitet werden.

SANDDORN STATT ZITRONE

Die kleinen Sanddornbeeren sind wahre Vitamin-C-Bomben. Sie enthalten fast zehnmal so viel von dem Vitamin wie Zitrusfrüchte. Sanddornpflanzen bevorzugen karge und sandige Böden. An der norddeutschen Küste wachsen sie daher besonders gut. Frisch bekommt man die Früchte kaum, dafür umso besser verarbeitet in Tee oder Säften.

HINWEIS

Fermentierte Möhren sind nicht nur länger haltbar sondern zudem auch nährstoffreicher.

SAISONAL

Du isst automatisch abwechslungsreicher und gesünder, wenn das Obst und Gemüse auf deinem Speiseplan je nach Jahreszeit variiert. Saisonale Lebensmittel legen nur kurze Transportwege zurück. Zudem ist saisonales Obst und Gemüse günstiger, da das Angebot in der Region deutlich höher ist.

LEBENSMITTEL ZU HAUSE LAGERN, UM SIE AUCH NACH IHRER SAISON ZU VERZEHREN

Um außerhalb der Saison nicht komplett auf ein bestimmtes Obst oder Gemüse verzichten zu müssen, gibt es unterschiedliche Wege, dieses zu Hause zu lagern. So kannst du zumindest kleine Mengen deines liebsten Sommerobsts auch im Winter genießen.

FERMENTIEREN

Beim Fermentieren werden Lebensmittel mit Salz und Wasser in einem luftdicht verschlossenen Gefäß eingelegt und so haltbar gemacht. Fermentation macht Lebensmittel bekömmlicher und erhöht sogar den Nährstoffgehalt.

EINFRIEREN

Viele Gemüsesorten lassen sich problemlos für bis zu 10 Monate einfrieren. Einige Sorten wie etwa Möhren, Erbsen, Brokkoli oder Fenchel sollten vor dem Einfrieren kurz blanchiert werden, damit sie beim Auftauen nicht matschig werden.

EINKOCHEN

Obst wie Erdbeeren, Aprikosen oder Kirschen kannst du ganz einfach zu einer leckeren Marmelade einkochen.

ABDUNKELN

Kartoffeln, Äpfeln und Kürbissen genügt es, kühl und dunkel im Keller zu liegen. Dort können sie bis zu mehrere Monate gelagert werden.

TROCKNEN

Frische Kräuter können getrocknet werden, damit sie länger haltbar bleiben. Alternativ können diese mit ein wenig Wasser in Eiswürfelformen eingefroren werden.

> *„Bis Johanni nicht vergessen: sieben Wochen Spargel essen."*
>
> *Bauernweisheit*

SAISONKALENDER

Diesem Saisonkalender kannst du entnehmen, welches Obst und Gemüse in Deutschland wann Saison hat. Du wirst überrascht sein: Sogar im Winter steht uns gar nicht mal so wenig saisonales Gemüse zur Verfügung.

Obst	JAN	FEB	MÄR	APR	MAI	JUNI	JULI	AUG	SEP	OKT	NOV	DEZ
Apfel	■	■	■	■				■	■	■	■	■
Aprikose						■	■	■				
Birne								■	■	■	■	
Erdbeere					■	■	■					
Heidelbeere							■	■				
Himbeere							■	■				
Holunderbeere									■	■		
Kirsche, süß						■	■	■				
Mirabelle							■	■				
Pfirsich / Nektarine						■	■	■	■	■		
Pflaume / Zwetschge							■	■	■			
Rhabarber				■	■	■						
Weintraube							■	■	■	■	■	
Brombeere							■	■	■			
Johannisbeere						■	■	■				
Kirsche, sauer							■	■				
Quitte										■	■	
Stachelbeere						■	■	■	■			

Gemüse	JAN	FEB	MÄR	APR	MAI	JUNI	JULI	AUG	SEP	OKT	NOV	DEZ
Aubergine					■	■	■	■	■			
Blumenkohl			■	■	■	■	■	■	■	■	■	
Busch-, Stangenbohne					■	■	■	■	■	■		
Brokkoli						■	■	■	■	■		
Chicorée	■	■	■	■						■	■	■
Chinakohl	■	■	■					■	■	■	■	■
Erbsen, grün					■	■	■	■				
Fenchel							■	■	■	■	■	
Grünkohl	■	■									■	■
Kohlrabi					■	■	■	■	■	■		
Kürbis								■	■	■	■	■
Mangold						■	■	■	■			
Paprika						■	■	■	■	■	■	
Rettich					■	■	■	■	■	■		
Rosenkohl	■	■								■	■	■
Rote Bete, Rote Rübe	■	■	■						■	■	■	■
Rotkohl	■	■	■						■	■	■	■
Salatgurke						■	■	■	■	■		
Sellerieknolle	■	■	■						■	■	■	■
Spargel				■	■	■						
Spinat			■	■	■				■	■		
Steckrübe	■									■	■	■
Tomate				■	■	■	■	■	■	■	■	
Weiß-, Spitzkohl	■				■	■			■	■	■	■
Wirsing					■	■			■	■	■	■
Zuckermais								■	■	■		
Zucchini						■	■	■	■	■	■	
Karotte							■	■	■	■		
Feldsalat	■	■	■	■						■	■	■
Kartoffel						■	■	■	■	■		
Lauch				■	■	■	■	■	■	■	■	■

BIOLOGISCH

Mit dem Kauf von Bio-Lebensmitteln unterstützt du das System, das dahinter steckt, und zwar das System der ökologischen Landwirtschaft. Damit tust du nicht nur etwas Gutes für die Gesellschaft und Umwelt, sondern auch für deinen eigenen Körper.

VORTEILE FÜR DIE EIGENE GESUNDHEIT

In der ökologischen Landwirtschaft wird auf chemische Dünge- und Pflanzenschutzmittel verzichtet. Durch Bio-Lebensmittel nimmst du somit keine Rückstände von diesen auf. Zudem weisen Bio-Lebensmittel höhere Nährwerte auf und schmecken intensiver, da sie meist mehr Zeit zum Reifen bekommen. In der konventionellen Landwirtschaft kommt außerdem immer wieder genmanipuliertes Saatgut zum Einsatz. Dieses ist umstritten und es ist nicht klar, welche eventuellen negativen Konsequenzen diese gentechnisch veränderten Pflanzen für uns haben.

VORTEILE FÜR DIE UMWELT

Bio-Landwirte säen jedes Jahr andere Pflanzensorten auf einem Feld aus. Dadurch kann sich der Boden erholen, denn jede Sorte entzieht dem Boden andere Nährstoffe.

Der Verzicht auf chemische Dünge- und Pflanzenschutzmittel wirkt sich nicht nur positiv auf die Gesundheit, sondern auch auf unser Grundwasser aus.

VORTEILE FÜR DIE GESELLSCHAFT

Bio-Lebensmittel sind meist ein wenig teurer als konventionelle Produkte. Durch den Kauf ermöglichst du jedoch eine faire Bezahlung der Erzeuger. Zudem ist die Arbeitssicherheit der Menschen, die in der ökologischen Landwirtschaft arbeiten, höher, da sie nicht mit Giftstoffen in Kontakt kommen.

BIO IST NICHT GLEICH BIO

Die Nachfrage steigt, teils kommen die Landwirte mit dem Angebot nicht hinterher und in einigen Fällen wird ein wenig „gepfuscht". Die Bio-Siegel auf der nächsten Seite bieten dir eine gute Orientierung, um „echte" Bio-Lebensmittel zu erkennen. Die authentischste Möglichkeit ist meiner Meinung nach jedoch der direkte Austausch mit den Erzeugern. Hake nach und schau dir an, wo und wie deine Lebensmittel angepflanzt werden.

Deutsches Bio-Siegel

Keine künstlichen Geschmacksverstärker, Aroma- Farb- und Konservierungsstoffe. Alle Zutaten müssen aus dem ökologischen Landbau stammen, für bis zu 5 % dieser Zutaten sind streng geregelte Ausnahmen möglich. Der Einsatz von Antibiotika ist stark begrenzt. Das Bio-Siegel ist eine freiwillige Kennzeichnung und wird aufgrund der hohen Bekanntheit häufig zusätzlich zum EU-Bio-Logo abgedruckt.

EU-Bio-Logo

Seit dem 1. Juli 2012 müssen alle vorverpackten Öko-Lebensmittel, die einen Verarbeitungsschritt in der EU erfahren haben, dieses Logo tragen. Die Kriterien stimmen mit denen des Deutschen Bio-Siegels überein.

Naturland

Die Richtlinien gehen über die gesetzlichen Regelungen der EU-Bioverordnung hinaus. Naturland kümmert sich mit eigenen Sozialrichtlinien auch um die Arbeitsbedingungen und soziale Absicherung der Arbeiter/innen.

Naturland Fair

Zusatzzertifizierung von Naturland, die Öko-Landbau und Fairen Handel in einem Zeichen vereint.

Demeter

Demeter ist der älteste Bio-Bauernverband in Deutschland, er existiert seit 1924. Grundlage des Anbaus der Demeter-Landwirte bildet das „biologisch-dynamische Prinzip", das von Rudolf Steiner entwickelt wurde. Die Richtlinien der Demeter-Bauern gelten als die strengsten beim Bio-Landbau in Deutschland.

Bioland

Bioland ist der führende Verband für ökologischen Landbau in Deutschland. Über 7.700 Landwirte, Gärtner, Imker und Winzer wirtschaften nach den Bioland-Richtlinien. Grundprinzip des organisch-biologischen Landbaus ist die Kreislaufwirtschaft. Daneben sind Tierwohl, Regionaliät und Forschung und Entwicklung Kernthemen von Bioland.

VEGANISMUS

Immer mehr Menschen ernähren sich vegan. Ihr Speiseplan enthält nur pflanzliche Produkte. Die Beweggründe für Veganismus sind vielfältig und lassen sich in drei Oberkategorien gliedern: die eigene Gesundheit, Naturschutz, Tierschutz.

EINE VEGANE ERNÄHRUNG KANN …

… DEINE CO_2-EMISSION SENKEN

Tierhaltung verursacht 20 % der weltweiten Treibhausgase und zählt damit zu den größten Verursachern des Klimawandels. Laut Greenpeace werden pro Kilo Rindfleisch 13,3 Kilo CO_2 freigesetzt. Die gleiche Menge Mischbrot produziert 0,75 Kilo CO_2, Äpfel 0,5 Kilo CO_2 und Tomaten 0,2 Kilo CO_2. Zu den Treibhausgasen zählt zusätzlich Methan, das ebenfalls verstärkt durch Massentierhaltung freigesetzt wird. Zwar ist die freigesetzte Menge an Methan geringer als die CO_2-Menge, dafür ist Methan jedoch 25-mal klimawirksamer als Kohlenstoffdioxid.

… DIE ABHOLZUNG DER REGENWÄLDER STOPPEN

Sekündlich werden große Flächen Regenwald unwiederbringbar abgeholzt – oftmals sogar abgebrannt. Das kostet vielen Tieren das Leben und stört das Ökosystem langfristig. In vielen Fällen wird die durch die Abholzung entstandene Fläche für den Anbau von Soja genutzt. Über 90 Prozent des weltweit angebauten Sojas wird als Futtermittel genutzt. Für Produkte wie Tofu oder Sojadrink greifen die Produzenten überwiegend auf Bio-Soja aus Europa zurück. Die vegane Ernährung kommt davon abgesehen prima ohne Ersatzprodukte wie Tofu aus.

… UNSER GRUNDWASSER SCHÜTZEN

Nutztiere produzieren Gülle. Massig viel Gülle. Ein Teil der Gülle wird als Düngemittel eingesetzt. Doch in den Regionen, in denen die Landwirte hauptsächlich Viehhaltung betreiben, finden sich nur wenige Felder, auf denen die Gülle ausgetragen werden könnte. In vielen Gebieten wird die Gülle daher überdosiert und schädigt so Böden, verunreinigt das Grundwasser und begünstigt mit dem Treibhausgas Methan den Klimawandel. Oder sie wird quer durchs Land gefahren.

… WASSER SPAREN

Vielleicht drehst du beim Einshampoonieren unter der Dusche den Hahn ab, um Wasser zu sparen. Verzichtest du auf ein Kilogramm Rindfleisch, könntest du auf einen Schlag ganze 15.000 Liter Wasser einsparen. Mit dieser Menge Wasser könntest du ein Jahr lang täglich duschen. Die 15.000 Liter pro Kilo Rindfleisch sind sogenanntes virtuelles Wasser und ergeben sich aus der

Summe an Wasser, die für die Bewässerung des Futtermittels als auch zum Tränken des Tieres selbst benötigt werden.

… ARTEN ERHALTEN

In der konventionellen Landwirtschaft werden Felder immer wieder mit demselben Futtermittel für Nutztiere bepflanzt, da die Nachfrage enorm hoch ist. Durch diese Monokulturen, die viel Fläche einnehmen, werden diverse Tiere wie auch Pflanzen verdrängt. In den vergangenen 27 Jahren ist der Bestand der Fluginsekten im Schnitt um 76,7 % zurückgegangen. Der Großteil unserer Nutzpflanzen ist auf die Bestäubung durch Bienen angewiesen. Schreitet der Verlust der Artenvielfalt weiter in diesem Ausmaß voran, steht bald die gesamte Menschheit vor einem großen Problem.

DER EINSTIEG IN DIE PFLANZLICHE ERNÄHRUNG

Ich habe nun seit sechs Jahren kein Fleisch mehr gegessen und ernähre mich seit einem guten Jahr überwiegend vegan. Die Umstellung ist in kleinen Schritten erfolgt und das ist vollkommen in Ordnung. Wie bei allem gilt auch hier: jeder in seinem Tempo, niemand ist perfekt. Wenn du es einmal probieren möchtest, kannst du für den Einstieg zunächst die vier Schritte angehen, die ich dir unten aufgelistet habe.

Schritt 1
Wähle im Restaurant das vegane Gericht.

Schritt 2
Koche einmal pro Woche vegan.

Schritt 3
Ersetze deine Milch im Kaffee.

Schritt 4
Koche zu Hause ausschließlich vegan.

DIY-SPEISEPLAN

Mit einem Speiseplan gelingt es dir, weniger Lebensmittel wegzuwerfen, strukturiert einzukaufen und abwechslungsreich zu kochen. Und das ohne viel Aufwand. Einige Materialien für den DIY-Speiseplan wirst du vermutlich bereits zu Hause haben. Befüllen kannst du den Plan jede Woche auf ein Neues.

Material
Bilderrahmen
7 Wäscheklammern
Holzstiele (beispielsweise von Speiseeis)

Werkzeug
Kleber
Stift

Und so geht's

1. Die Wäscheklammern mit den Wochentagen von Montag bis Sonntag beschriften.
2. Anschließend die Wäscheklammern am linken Rand des Innenteils des Bilderrahmens geordnet untereinander aufkleben.
3. Die Holzstiele mit den liebsten Speisen beschriften.
4. Zum Befüllen die Holzstiele mit den Rezepten einfach den Wochentagen zuordnen und in die Wäscheklammern stecken.

MO
Flammkuchen
DI
Wraps
MI
Risotto
DO
Curry
FR
Couscous-Salat
SA
Bolognese
SO
Ofengemüse

RESTE-REZEPTE

Trotz Planung passiert es auch mir immer wieder, dass sich ein paar Lebensmittel ansammeln. Für solche Reste kannst du meine beiden Lieblingsrezepte ausprobieren – ich hoffe, die Gerichte schmecken dir so gut wie meiner Familie und mir!

RESTEPFANNE

Zutaten

Gemüsereste (etwa Paprika, Möhre, Tomate, Pilze, Kohlrabi, Zucchini, Aubergine)
1 Knoblauchzehe
1 Zwiebel
Saucengrundlage (passierte Tomaten, Kokosmilch, Soja-Cuisine)
Frische Kräuter (etwa Rosmarin, Thymian, Basilikum)
Pfeffer & Salz
Reis (alternativ: Couscous, Quinoa, Bulgur, Nudeln)

Zubereitung

1. Gemüse gegebenenfalls waschen und klein schneiden. Zwiebel und Knoblauch fein würfeln.
2. Die Zwiebel und den Knoblauch zunächst in einer Pfanne anbraten. Im Anschluss das restliche Gemüse hinzugeben und ebenfalls kurz anbraten. Anschließend mit der Saucengrundlage ablöschen.
3. Die gewünschte Menge Reis aufsetzen, während das Gemüse auf niedriger Stufe köchelt.
4. Die Gemüsepfanne mit Kräutern, Pfeffer und Salz abschmecken und mit dem Reis servieren.

BROTSALAT

Zutaten

Brotreste (gerne trocken und vom Vortag)
Gemüsereste (etwa Tomate, Paprika, Gurke, Zucchini, Pilze, Mais, Zwiebeln)
Salatreste (etwa Rucola, Feldsalat, Kopfsalat)
3 EL Olivenöl
2 EL Weißweinessig
2 EL Zitronensaft
1 Prise Salz

Zubereitung

1. Brot in etwa 2 × 2 cm große Würfel schneiden. Mit etwas Öl bestreichen und auf dem Grill, im Backofen, in der Pfanne oder auf dem Toaster rösten.
2. Gemüse gegebenenfalls waschen und klein schneiden. Mit dem Brot vermengen.
3. Das Olivenöl, den Weißweinessig und den Zitronensaft zu einem Dressing verrühren. Mit Salz abschmecken und über den Brotsalat geben.

GARTEN

FAKTEN-CHECK

BIODIVERSITÄT

41% der in Deutschland heimischen Tierarten sind bedroht oder extrem selten, 3% ausgestorben oder verschollen und über 70% der **Lebensräume** sind als **gefährdet** eingestuft. Mit einem eigenen Garten kannst du mit wenig Mühe einen wichtigen Beitrag zum Erhalt der **Artenvielfalt** leisten.

Von den über 500 **Wildbienenarten** in Deutschland ist die Hälfte vom Aussterben bedroht oder bereits ausgestorben.

1.045 Kirchen wurden in Deutschland als **„Lebensraum Kirchturm"** registriert: Turmfalke, Fledermaus und Co freut's.

Laut UN sind in den nächsten Jahrzehnten **weltweit** etwa eine Million Tier- und Pflanzenarten **bedroht.**

KLEINE FLÄCHEN

Für eigenes Obst und Gemüse musst du nicht auf dem Land wohnen, sondern kannst es zu Teilen einfach auf einem kleinen **Balkon** oder sogar auf der **Fensterbank** anbauen. Auch wenn der Anbau auf dem Balkon lediglich eine Ergänzung darstellt und nicht den kompletten Bedarf deckt, sparst du mit jeder selbst gezogenen Tomate Ressourcen und Energie.

57,33 Millionen Deutsche haben einen **Balkon** oder eine **Terrasse.**

Töpfe für Tomaten und Gurken sollten mindestens 35 Zentimeter Durchmesser haben und ähnlich tief sein.

Salat kannst du innerhalb von 14 Tagen selbst nachziehen (siehe Anleitung Seite 74).

SELBSTVERSORGUNG

Immer mehr Menschen möchten sich zumindest zu einem Teil selbst versorgen. Um dein eigenes **Gemüse** und **Obst** anzubauen, benötigst du nicht einmal zwingend einen eigenen Garten. Auch in **Städten** gibt es unterschiedliche Möglichkeiten, wie z. B. städtische Flächen für Urban Gardening oder der alt bekannte Schrebergarten.

Ab einer **Beetgröße** von ca. 40 m^2 pro Person kann man sich mit Gemüse selbst versorgen.

2003 wurde die erste Professur für **„Urban Gardening"** in Deutschland eingerichtet.

Ein **Schrebergarten** ist im Schnitt 370 Quadratmeter groß.

BIODIVERSITÄT

Weltweit sterben jährlich mehrere Tausend Tier- und Pflanzenarten aus. Die Ursachen dafür sind vielseitig und der Einsatz von Pestiziden, Rodungen von Wäldern und Überfischung stellen lediglich einige Beispiele dar.

BIODIVERSITÄT – WAS BEDEUTET DAS?

Im Originaltext der UN-Konvention über biologische Vielfalt CBD (Artikel 2: Begriffsbestimmung) bedeutet biologische Vielfalt (kurz Biodiversität):

»…die Variabilität unter lebenden Organismen jeglicher Herkunft, darunter unter anderem Land-, Meeres- und sonstige aquatische Ökosysteme und die ökologischen Komplexe, zu denen sie gehören. Dies umfasst die Vielfalt innerhalb der Arten und zwischen den Arten und die Vielfalt der Ökosysteme.«

Da das Thema sehr komplex ist, möchte ich mich in diesem Kapitel auf das Insektensterben konzentrieren. Denn: Diesem kannst du in deinem eigenen Garten, auf deinem Balkon, der Fensterbank oder auch im öffentlichen Raum aktiv entgegenwirken. Und: Der Rückgang der Insekten-Populationen hat mit die stärkste Auswirkung auf den gesamten Planeten und die Menschheit.

DIE AUFGABEN DER INSEKTEN

Nahrungsquelle: Insekten stehen unten in der Nahrungskette und stellen so direkt und indirekt das Überleben vieler Arten sicher.

Bestäubung: 90 % der Blühpflanzen sind auf bestäubende Insekten angewiesen.

Auslese kranker Pflanzen: Geschwächte oder kranke Pflanzen werden von Insekten befallen.

Welternährung: Etwa 74 % unserer Nutzpflanzen sind auf die Bestäubung durch Insekten angewiesen.

Schädlingsbekämpfung: Viele Insekten ernähren sich von Schädlingen, die gesunde (Nutz-)Pflanzen befallen.

Pflanzenapotheke: Diverse pflanzliche Wirkstoffe, die in der Naturheilkunde genutzt werden, waren ursprünglich Abwehrstoffe gegen Insekten und wären ohne diese nie entstanden.

Samenverbreitung: Samen bleiben an Insekten haften und werden so verteilt.

Aasbeseitigung: Einige Insekten fressen Aas und beseitigen somit Kadaver.

Gesunder Boden: Diese Aspekte ermöglichen letztendlich gesunde und lebendige Böden.

AKTIV WERDEN GEGEN DAS INSEKTENSTERBEN

1. BIO-LEBENSMITTEL EINKAUFEN

Bio-Landwirte verzichten auf chemische Insektizide und Pestizide, die schädlich für Insekten sind. Zudem setzen sie auf Mischkulturen, die im Gegensatz zu Monokulturen ein viel breiteres Nahrungsangebot für Insekten bieten.

2. REGIONALES SAATGUT VERWENDEN

Möchtest du in deinem Garten selber Pflanzen ziehen, greife auf regionales Saatgut zurück. Das gleiche gilt für regionale Jungpflanzen. Wildbienen sind im Gegensatz zur Honigbiene Spezialisten was die Nahrung betrifft. Sie sind daher auf heimische Pflanzen zum Überleben angewiesen.

3. KEINEN CHEMISCHEN DÜNGER IM GARTEN VERWENDEN

Bio-Landwirte sind dazu verpflichtet, auf chemischen Dünger & Co zu verzichten. Setze auch du in deinem eigenen Garten keinen ein. Eine tolle natürliche Alternative zum Düngen ist etwa Kaffeesatz. Kaffeesatz enthält wertvolle Nährstoffe wie Kalium, Phosphor und Stickstoff. Zudem ist der pH-Wert nahezu neutral und somit für die meisten Pflanzen und Böden bestens geeignet.

4. WILDBLUMEN SÄEN

Ein Großteil der gezüchteten Pflanzen sieht bloß schön aus und dient Insekten nicht mehr als Nahrungsquelle. Entscheide dich daher bewusst für die Aussaat von Wildblumen – auch diese sind wunderbar bunt. Mit Samenbomben kannst du auch auf öffentlic[illegible] Flächen Wildblumen aussäen.

5. INSEKTENHOTELS BAUEN

Auf Seite 78 findest du eine Anleitung, wie du mit wenig Material und geringem Aufwand eine Nisthilfe für Insekten ganz einfach selbst herstellen kannst.

6. WASSERSTELLEN BIETEN

Wie wir Menschen benötigen auch Insekten Wasser zum Überleben. Stelle daher an verschiedenen Stellen kleine Wasserschalen auf.

7. NATURSCHUTZ ACHTEN

Bitte töte keine Insekten und pflücke keine Pflanzen, die unter Naturschutz stehen. Bring Insekten, die du zu Hause findest, raus in die Natur. Lass die Natur zudem wo möglich unberührt. So kannst du etwa auch im eigenen Garten das Laub im Herbst liegen lassen. Es bietet vielen Tieren einen Unterschlupf.

NE FLÄCHEN

Gemüse anzubauen, benötigst du nicht
orten kannst du bereits auf einem kleinen
ner Fensterbank anziehen. Auch ein kleiner
n bietet dir viele Möglichkeiten.

FENSTERBANK

FRÜHLINGSZWIEBELN

Hebe das Ende mit Wurzeln der Frühlinsgzwiebel auf und stelle es in ein Glas Wasser. Stelle das Glas auf die Fensterbank, wo die Pflanze reichlich Tageslicht bekommt. Wechsle das Wasser etwa alle drei Tage. Entferne bei Bedarf vertrocknete Stellen. Schnell wirst du die neuen Triebe der Zwiebel verwenden können. Die Bilder unten zeigen dir, wie sich deine Frühlingszwiebel so innerhalb von 10 Tagen entwickeln kann.

SALAT

Verschiedenste Salatsorten wie Römersalat oder Eisbergsalat kannst du problemlos vermehren. Lege dazu einfach den Strunk des Salates in eine Schüssel mit Wasser und stelle diese an einen hellen und warmen Ort. Wechsle das Wasser alle zwei bis drei Tage. Bereits nach etwa einer Woche können die ersten zarten Salatblätter geerntet werden.

INGWER

Bleibt eine Ingwer-Knolle lange genug liegen, bilden sich an ihr kleine frische Triebe. Diese Triebe kannst du abbrechen und in einen Topf mit Erde pflanzen. Gieße den Trieb regelmäßig. Es wird sich ein Spross mit Blättern bilden. Nach einigen Monaten sterben die Blätter ab. Das ist für dich das Zeichen zum Ernten. Grabe dafür die neue Ingwerwurzel einfach aus.

Nach 1 Tag

Nach 5 Tagen

Nach 10 Tagen

BALKON

KARTOFFELN

Sicherlich ist dir das auch schon einmal passiert: Eine Kartoffel ist lange liegen geblieben und hat bereits Triebe gebildet. Solch eine Kartoffel eignet sich bestens, um eine neue Kartoffelpflanze wachsen zu lassen. Schneide diese Kartoffel dazu in Stücke. Jedes Stück muss mindestens einen Zentimeter dick sein und zwei sogenannte Augen besitzen. Trockne die Stücke zunächst an einer luftigen Stelle. Pflanze sie nach zwei Tagen Trocknen in einen Topf mit feuchter Erde. Der Topf sollte mindestens zehn Liter fassen. Da Kartoffeln nährstoffreichen Boden benötigen, solltest du optimalerweise der Erde vorab ein wenig Kompost untermischen. Gieße die neu wachsende Pflanze regelmäßig. Nach einigen Wochen wird sich das Kraut der Pflanze zunächst gelb verfärben und schließlich absterben. Zu diesem Zeitpunkt sind die Kartoffeln erntereif. Hole zunächst nur eine Kartoffel aus dem Boden. Ist die Schale fest und lässt sie sich mit dem Finger nicht abreiben, kannst du auch die restlichen Kartoffeln ernten. Andernfalls solltest du die Kartoffeln noch ein wenig reifen lassen.

KOHL

Ähnlich wie beim Salat wird zunächst der Strunk einige Zeit in Wasser gestellt. Sobald sich Wurzeln gebildet haben, kann die Pflanze eingetopft werden. Halte die Erde stets feucht, um das Wachstum anzuregen.

SELLERIE

Schneide vor dem Zubereiten der Sellerieknolle die Wurzeln ab und lege sie für etwa zehn Tage in eine Wasserschale. In diesem Zeitraum werden sich neue Wurzeln bilden. Nun kannst du die Selleriewurzeln in einen Topf mit Erde einpflanzen. Nach einigen Wochen Geduld wird sich eine neue Knolle gebildet haben.

KRÄUTER

Diverse Kräuter lassen sich ganz einfach vermehren. Besonders geeignet sind Basilikum und Minze. Schneide einfach einen Stängel von einer Pflanze ab und stell diesen für einige Tage in Wasser. Sobald sich Wurzeln gebildet haben, kannst du die neue Pflanze eintopfen und pflegen.

SELBSTVERSORGUNG

Du möchtest nicht nur wissen, wo deine Lebensmittel herkommen, sondern sie auch selbst anbauen und ernten? Um sich komplett selbst mit Obst und Gemüse zu versorgen, benötigt eine Familie mehrere Hundert Quadratmeter Fläche. Mit den folgenden Tipps gelingt dir das zumindest zum Teil auch in der Stadt.

DER SCHREBERGARTEN

Der Klassiker. In deinem eigenen kleinen Fleckchen Grün inmitten eines Kleingartenvereins kannst du nicht nur entspannen. Die Fläche bietet sich auch optimal für den Anbau von Gemüse und Obst an. Um einen Schrebergarten zu pachten oder zu kaufen, kannst du entweder mit dem Gartenverein direkt Kontakt aufnehmen oder etwa Online-Kleinanzeigen nach passenden Ausschreibungen durchstöbern.

DAS MIETFELD

Über Anbieter wie **meine-ernte.de** oder **ackerhelden.de** kannst du einen Gemüsegarten auf dem Grund eines Landwirtes anmieten. Vorarbeiten wie die Bodenarbeiten und das Aussäen werden für dich übernommen. Wasser und Gartengeräte werden zur Verfügung gestellt. Zudem steht der Landwirt stets mit Rat zur Seite. Mit deinen Mitgärtnern kannst du dich außerdem via einer WhatsApp-Gruppe austauschen.

URBAN GARDENING

In immer mehr Städten gibt es Gemeinschaftsgärten wie „HirschGrün" in Aachen oder „NeuLand" in Köln. Oftmals haben sich bei diesen Projekten Vereine gegründet, die Brachland neu beleben. Meist gibt es keine direkten Verpflichtungen. Bring dich einfach in dem dir persönlich möglichen Umfang bei der Gartenarbeit ein. Bei einigen Urban-Gardening-Gemeinschaften besteht die Möglichkeit, eine eigene kleine Fläche zu pachten. Dort kannst du Obst und Gemüse anbauen, das du für deine Selbstversorgung ernten kannst. Die Pacht ist meist günstig, dafür übernimmst du neben den Arbeiten in deinem eigenen Garten weiterhin Tätigkeiten im Gemeinschaftsgarten.

DIY-BIENEN-NISTHILFE

Bienen freuen sich nicht nur über viele verschiedene Blüten, sondern auch über Nisthilfen. Bei dem folgenden DIY kannst du auch gleich Müll, wie leere Konserven oder Altglas, verwerten.

Material

Einmachglas oder Konservendose
lehmhaltige Erde
Wasser
Papierstrohhalme, hohle Äste oder Bambusstäbe (Durchmesser 2–9 mm)

So geht's

1. Reinige das leere Einmachglas oder die Konservendose und bedecke den Boden mit angefeuchteter, lehmhaltiger Erde.
2. Stecke in die feuchte Erde die Papierstrohhalme und/oder hohle Äste/ Bambusstäbe. Zwischen den Halmen darf ein wenig Luft bleiben, es sollte jedoch nichts mehr verrutschen.

Der richtige Standort

Für die Nisthilfe sollte ein sonniger und trockener Standort gewählt werden. Außerdem muss ein freier Anflug für die Insekten möglich sein. Achte zudem darauf, dass du sie so platzierst, dass die Gänge der Nisthilfe waagerecht verlaufen. Wenn du deine Nisthilfe anbindest, stelle sicher, dass sie festsitzt und nicht baumelt.

SELBER KOMPOSTIEREN: DIE WURMKISTE

Einfach mit einem stylischen Hocker daheim kompostieren. Klingt komisch? Die Wurmkiste macht es möglich. Darin kümmern sich Würmer um die geruchlose Kompostierung von Küchenabfällen. Die Kompostwürmer verwandeln den Abfall in Wurmhumus und Wurmtee. Beides ist wertvoller Bio-Dünger.

OPTIMAL FÜR STADTWOHNUNGEN OHNE GARTEN

Ohne eigenen Garten ist es meist nicht möglich, einen Komposthaufen im Freien anzulegen. Auch wir leben in einer Stadtwohnung in Köln. Eine Wurmkiste benötigt nicht viel Platz. Da unsere Variante ein Hocker ist, fügt sie sich wunderbar ins Wohnzimmer ein. Theoretisch kann die Wurmkiste aber auch im Keller, der Abstellkammer oder in einem Küchenunterschrank stehen.

Die Kompostwürmer und die Bio-Abfälle werden mit einer Hanfmatte abgedeckt. Diese Schutzschicht hält Fliegen fern und es entstehen keine unerwünschten Gerüche. Die Würmer können mehrmals täglich mit kleinen Portionen oder alle drei Tage mit einer großen Portion Bio-Abfall gefüttert werden.

DARÜBER FREUEN SICH DEINE WÜRMER

Gartenabfälle (Blumen, Grünschnitt, Laub)
Obstreste
Teesäckchen
Blätter (keine Nussblätter)
Eierschalen
Kaffeesatz (maximal ⅓ des täglichen Futters)
Pflanzenreste
Gemüsereste

Um deinen Würmern die Arbeit zu erleichtern, macht es Sinn, das Futter für sie schon einmal zu zerkleinern. So erhöht sich die Oberfläche, weshalb es leichter verwertet werden kann. Zusätzlich ist es ratsam, besonders trockene Reste zu befeuchten, da nur feuchtes Material von den Würmern gefressen wird.

Würmer brauchen zudem die in Papier enthaltenen Fasern. Führe dem Wurmfutter daher auch Zeitungspapier und Karton (kein Hochglanz!) zu. Der Papieranteil sollte 20 % der Futtermenge ausmachen.

DAMIT MACHST DU DEINEN WÜRMERN KEINE FREUDE

- **Knochen**
- **Fleisch**
- **Milchprodukte**
- **Chemikalien**
- **Gekochtes und Gesalzenes**
- **Zitrusfrüchte**

WENIGER MÜLL DANK WURMKISTE

Nicht in jeder Kommune wird eine Biotonne zur Verfügung gestellt. Oftmals landen organische Abfälle daher im Restmüll. Dort sind sie jedoch nicht sonderlich gut aufgehoben. Ein großer Teil des Restmülls wird zur Energiegewinnung verbrannt. Bio-Abfälle sind feucht und haben einen geringen Brennwert. Werden sie gesondert gesammelt, können sie zu hochwertigem Humus verarbeitet werden.

Bevor wir angefangen haben, die Bio-Abfälle gesondert zu sammeln, mussten wir den Restmüll mehrmals pro Woche rausbringen. Nun steht der Gang zur Mülltonne nur noch alle paar Wochen an. In einem Jahr können in der Wurmkiste zwischen 80–200 Liter Bio-Abfälle verwertet werden. Diese Menge ergibt etwa 15–30 Liter Wurmkompost. Du siehst: Die Masse schrumpft enorm. Daher kann über einen langen Zeitraum hinweg immer neu zugefüttert werden, ehe der Wurmhumus geerntet wird.

Der Wurmhumus und der Wurmtee, der flüssige Teil, wird in einer Schale unterhalb gesammelt und ist der perfekte Dünger für deine Pflanzen. Der Wurmkompost steckt voller Nährstoffe und lässt selbst kranke und müde Pflanzen wieder aufblühen.

HINWEIS

Du kannst deine Wurmkiste selber bauen oder über Anbieter wie **wurmkiste.at** fertig samt Hocker-Funktion kaufen.

BABY UND KIND

FAKTEN-CHECK

ERSTAUSSTATTUNG

Eins kann ich dir vorab direkt verraten: Mit der **nachhaltigen Erstausstattung** liegst du deutlich unter den statistischen Kosten. Aus eigener Erfahrung kann ich sagen, dass Eltern mit viel **weniger** auskommen, als ihnen durch Werbung & Co vermittelt wird. Hier siehst du erneut: Ein nachhaltiger Lebensstil ist nicht durchweg teurer.

Bis zum sechsten Lebensjahr kostet ein **Kind** laut dem Statistischen Bundesamt **6.200 Euro** pro Jahr.

Im Jahr 2017 gaben die Deutschen rund **2,5 Milliarden Euro** für die Ausstattung von **Babys und Kleinkindern** aus.

Im Jahr 2017 wurden in Deutschland rund 844.000 **Kinderwagen** (inkl. Buggys) verkauft.

STOFFWINDELN

Die einmaligen Anschaffungskosten für Stoffwindeln mögen zwar zunächst recht hoch erscheinen, über die gesamte Wickelzeit kann man jedoch mit einer **Ersparnis** von etwa 30 bis 50 Prozent rechnen. Gut erhaltene Stoffwindeln können nach der Wickelzeit sogar weiterverkauft werden, was die Kosten erneut senkt.

Etwa 5–8.000 Mal muss ein Kind gewickelt werden. Das sind 1,5 Tonnen **Abfall** pro Kind.

Jeden Tag werden in Deutschland 8 Millionen **Wegwerfwindeln** verbraucht.

Im Schnitt gibt jede Familie pro Kind **800–1.000 Euro** für Wegwerfwindeln aus.

LERNEN

In Deutschland beteiligen sich mehr als 900 Schulen an dem Programm **„Umweltschule"**. Im Fokus stehen die Verbesserung der Umweltverträglichkeit der Schule und die Förderung der Bildung für **nachhaltige Entwicklung**. Neben einem nachhaltigen Schulalltag stehen Projekte wie die Untersuchung von Waldböden oder die Zählung von Plastikteilen in Gewässern im Fokus.

In Deutschland verbringen Kinder 25 % weniger Zeit damit **draußen** zu spielen, als ihre Eltern während ihrer Kindheit.

1994 wurde das Programm „Umweltschule" von der Deutschen Gesellschaft für **Umwelterziehung** gestartet.

Der **Spielwarenumsatz** in Deutschland steigt. 2018 lag er bei 7.368 Millionen Euro, 2013 bei 5.788 Millionen.

ERSTAUSSTATTUNG

Von den Anti-Rutsch-Socken-Haltern bis zur Shampoo-Augenschutz-Vorrichtung gibt es alles speziell für Babys und Kinder zu kaufen. Der Markt boomt. Dabei brauchen die Kleinsten neben Liebe und Fürsorge gar nicht viel. Diese fünf Tipps verhelfen euch zu einer nachhaltigen Erstausstattung.

TIPP 1: ERST ANSCHAFFEN, WENN SICH TATSÄCHLICH DER BEDARF ERGIBT

Schnuller, Fläschchen, Beistellbett – all das sind Dinge, die wir angeschafft haben und für die es in unserem Fall im Nachhinein gar keinen Bedarf gab. Erst wenn der Nachwuchs da ist, wissen wir, was speziell unser Baby wirklich braucht. In der Regel kann man diese Dinge binnen weniger Stunden besorgen. Daher ist es ratsam, in der Schwangerschaft nur die Basics anzuschaffen. (siehe S. 83)

TIPP 2: BEREITS VORHANDENES UMFUNKTIONIEREN

Der ausgediente Rucksack wird zur Wickeltasche, der Wäschekorb zur Babywanne und der Holzkochlöffel zum Spielzeug. Wir haben zahlreiche Gegenstände aus dem Haushalt für unsere Tochter umfunktioniert. Dank eines speziellen Aufsatzes haben wir eine herkömmliche Kommode in eine Wickelkommode verwandelt und können diese nach der Wickelzeit wieder als solche nutzen.

TIPP 3: AUSLEIHEN IM FREUNDESKREIS ODER ONLINE MIETEN

Umstandsmode, Kinderkleidung und Spielzeug können prima im Familien- und Freundeskreis ausgeliehen werden. Gerade in der Anfangszeit werden die Sachen schließlich nur wenige Wochen benötigt. Hast du keine Kinder in deinem Umfeld, kannst du all das auch bei Unternehmen wie **räubersachen.de** mieten.

TIPP 4: GEBRAUCHT KAUFEN

Auf Kinderflohmärkten oder Plattformen wie **mamikreisel.de** findest du gut erhaltene und günstige Kinderprodukte. Dort kannst du nicht mehr benötigte Produkte auch selbst dem Kreislauf wieder zuführen.

TIPP 5: BERATEN LASSEN

Die Auswahl an Produkten für Babys und Kinder im Fachmarkt und Online-Handel ist groß. Um Fehlkäufe zu vermeiden, ist es insbesondere bei Stoffwindeln und Tragen / Tragetüchern sinnvoll, eine/n ausgebildete/n Berater/in aufzusuchen.

EINE LISTE FÜR EURE ERSTAUSSTATTUNG

Die Bedürfnisse jeder Familie sind anders. Gerade beim ersten Kind hat man oft noch keine genaue Vorstellung davon, wie die eigenen Bedürfnisse exakt aussehen werden. Obwohl unsere Erstausstattung bereits recht minimalistisch war, haben auch wir Dinge angeschafft, die wir letztendlich nie benutzt haben. Rückblickend beruhend auf meiner Erfahrung habe ich die Erstausstattungsliste ein wenig angepasst. Diese kann dir als Inspiration für deine eigene Erstausstattung dienen.

MÖBEL	SCHLAFEN
Wickelkommodenaufsatz	Schlafsack ×2
Hochstuhl	Baby-Nest / Federwiege
PFLEGE	Babydecke
Baby-Badewanne	**UNTERWEGS**
Stoffwindeln	Kinderwagen
Wetbag	Tragetuch
Heizstrahler	Autobabyschale
Nagelschere	Wickelrucksack
Fieberthermometer	Mini-Wetbag
Kirschkernkissen	**KLEIDUNG**
Heilwolle	Wickelbody ×6
SONSTIGES	Hose ×3
Stillkissen	Pullover ×5
Spucktücher ×6	Strampler ×3
Milchpumpe	Mütze ×2
Lätzchen ×3	Socken ×3

STOFFWINDELN

Dank Stoffwindeln reduziert sich nicht nur unser Müllaufkommen drastisch, der weiche Stoff frei von Chemie tut auch der Haut deines Babys gut. Um dir einen Einstieg in das Thema Stoffwindeln zu ermöglichen, beantworte ich in diesem Kapitel die Fragen, die mir dazu am häufigsten gestellt werden.

MUSS ICH NUN TÄGLICH WASCHEN?

Die Stoffwindeln müssen gewaschen werden, das ist klar. Tatsächlich machen sich diese in unserer Waschroutine kaum bemerkbar. Wir sammeln die Stoffwindeln in einem geruchs- und wasserdichten Wetbag. Der Stuhlgang wird ab Beikostalter vor dem Lagern und Waschen in der Toilette entsorgt. Etwa alle zwei Tage geben wir zunächst die Stoffwindeln in die Waschmaschine und spülen diese mit dem entsprechenden Programm fix durch. So befindet sich kein Urin mehr in den Windeln und der gröbste Schmutz wurde bereits entfernt. Dann geben wir die restliche Wäsche hinzu und waschen wie gewohnt. Bei unserem Three-In-One-System werden nur die Einlagen, nicht die kompletten Windeln gewaschen. Die Menge ist daher recht überschaubar.

IST DAS NICHT TOTAL UNHYGIENISCH?

Gewaschene Stoffwindeln sind genauso hygienisch sauber wie gewaschene Unterwäsche. Beachte einfach die Waschanleitung und wähle das richtige Waschmittel. Muttermilchstuhl ist wasserlöslich, seit Einführung der Beikost spülen wir den Stuhlgang wie gesagt in der Toilette herunter. Meist kann dieser von der Einlage herunter in die Toilette „geworfen" werden. Hilfreich ist dafür auch Windelvlies, das zusätzlich eingelegt werden kann. Damit kann der Stuhlgang herausgenommen werden und die Einlage wird geschützt. Windelvlies gehört nicht in die Toilette, da es nicht wie Toilettenpapier aufgeweicht wird.

KANN ICH AUCH UNTERWEGS MIT STOFFWINDELN WICKELN?

Wir bereiten unsere Stoffwindeln zu Hause vor und packen sie in den Wickelrucksack. In diesem befindet sich zusätzlich ein kleiner Wetbag. So ist auch das Wickeln mit Stoff unterwegs genauso einfach wie mit Wegwerfwindeln. Ich empfinde es sogar als unkomplizierter, da ich nicht schauen muss, wo ich die vollen Windeln entsorgen kann.

STÖRT DER DICKE STOFFWINDEL-PO DIE BEWEGUNGSFREIHEIT DES KINDES?

Beim Umstieg oder in den ersten Lebensmonaten mag der Stoffwindel-Po zunächst besonders groß erscheinen. Moderne Stoffwindeln sind leicht und komfortabel. Aus eigener Erfahrung kann ich berichten: Weder beim Liegen auf dem Rücken als Säugling noch beim Laufen lernen oder dem Klettern auf dem Spielplatz hat unsere Tochter die Stoffwindel gestört.

DIE UNTERSCHIEDLICHEN STOFFWINDEL-SYSTEME

Auf dem Markt gibt es unterschiedlichste moderne und ausgeklügelte Stoffwindel-Systeme. Es gibt nicht „die eine perfekte Stoffwindel", da jedes Kind eine individuelle Körperform hat und Familien unterschiedliche Bedürfnisse haben. Ich möchte dir dennoch die vier gängigsten Modelle vorstellen.

HINWEIS

In einigen Städten werden Stoffwindeln mit bis zu 100 Euro gefördert.

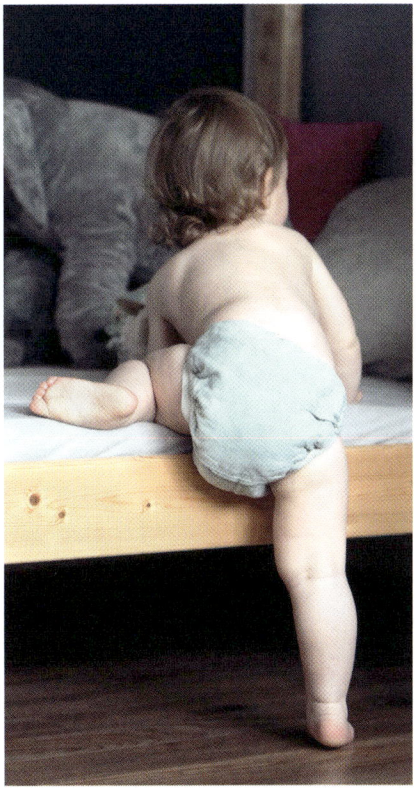

	HÖSCHENWINDELN MIT ÜBERHOSEN	PRO	CONTRA	EINSATZ
FAKTEN	Bei der Höschenwindel saugt die gesamte Windel die Flüssigkeit auf. Diese Windel wird daher in Kombination mit einer wasserdichten Überhose verwendet, damit auch nichts ausläuft.	Besonders saugstark.	Hohes Waschaufkommen, es werden viele Windeln benötigt.	Aufgrund der hohen Saugkraft bestens für die Nacht oder lange Ausflüge geeignet.

	ALL-IN-ONE WINDELN (AIO)	ALL-IN-TWO WINDELN	ALL-IN-THREE WINDELN
FAKTEN	Dieses Modell gleicht der Wegwerfwindel in der Handhabung am stärksten. Die Saugeinlagen sind fest vernäht mit der Überhose. Nach der Benutzung wird die komplette Windel gewaschen.	Bei den All-In-Two Windeln werden in die Außenwindel eine oder mehrere Saugeinlagen gelegt, eingesteckt oder fest geknöpft. Ist nur der Saugkern nass oder beschmutzt, kann die Außenwindel nochmals genutzt werden.	Dieses Modell besteht aus einer oder mehreren Saugeinlagen, einer wasserdichten Innenwindel und einer Außenwindel. Durch die zusätzliche Innenwindel muss die Außenwindel kaum gewaschen werden. Die Innenwindel muss zudem oftmals einfach nur feucht ausgewischt werden.
PRO	Einfache Handhabung und meist besonders hoher Tragekomfort.	Gesteigerte Flexibilität, da die Windeln meist individuell bestückt werden können.	Hohe Flexibilität, geringes Waschaufkommen.
CONTRA	Hohes Waschaufkommen, es werden viele Windeln benötigt.	Erhöhtes Waschaufkommen, da oftmals auch die Außenwindel beschmutzt wird.	Im Vergleich zu den anderen Systemen etwas komplizierter in der Handhabung und dennoch immer noch super easy.
EINSATZ	Aufgrund der einfachen Handhabung optimal für Kita, Großeltern & Co.	Im Alltag, in der Kita.	Im Alltag, in der Kita.

LERNEN

Für Kinder ist Spielen essenziell, um die Welt zu begreifen. Dabei gehen sie wie kleine Forscher vor. Kinder möchten Vorgänge verstehen und hinterfragen diese. An dieser Stelle möchte ich dir drei Ideen aufzeigen, wie du dich mit Vorschulkindern aktiv mit dem Thema Nachhaltigkeit auseinandersetzen kannst.

WASSERVERBRAUCH ANALYSIEREN

Aufgabe: Einen Tag lang das Wasser, das zum Händewaschen benutzt wird, in einer Schüssel auffangen. Wie viel Wasser kommt zusammen? Was könnte man mit dieser Menge Wasser anstellen? Wie kann man die Menge reduzieren?

Lerneffekt: Das Wasser verschwindet üblicherweise sofort im Abfluss und uns ist gar nicht bewusst, wie viel Wasser wir tagtäglich nutzen. Der bewusste Umgang mit der Ressource Wasser wird durch dieses Spiel geschult. Zudem ist Kreativität gefragt.

WILDPFLANZEN-SALAT PFLÜCKEN

Aufgabe: Mit einem Wildpflanzen-Bestimmungsbuch im Gepäck geht es in den nächsten Wald oder auf die nächste Wildpflanzenwiese. Sämtliche Pflanzen werden genauer unter die Lupe genommen. Essbare Pflanzen wie Löwenzahn, Brennnessel, Sauer-Ampfer oder Wilde Möhre werden gepflückt und zu einem Salat verarbeitet.

Lerneffekt: Aus dem Supermarkt kennen bereits die Kleinsten exotisches, importiertes Obst und Gemüse. Löwenzahn sucht man in der Salatauslage jedoch vergebens. Durch diese Aufgabe untersuchen Kinder zunächst Pflanzen ganz allgemein und beschäftigen sich anschließend mit dem Nahrungsangebot direkt vor der eigenen Haustür.

EIN TAG OHNE STROM

Aufgabe: Verbringt gemeinsam einen Tag lang ohne Strom. In welchen Situationen und für was wird Strom benötigt? Wo fällt es besonders schwer darauf zu verzichten?

Lerneffekt: Ähnlich wie bei dem Wasser-Spiel wird hier das Bewusstsein für den Einsatz von Ressourcen geschärft. Die Kinder werden bei der Suche nach stromlosen Alternativen kreativ und entwickeln Lösungsansätze, die dich vielleicht selbst überraschen.

Du siehst: Nachhaltige Bildung erfordert kein teures Spielzeug. Im Fokus stehen das gemeinsame Erleben und Erforschen.

DIY-GREIFLING

Für dieses simple DIY-Babyspielzeug kannst du gewiss Dinge verwenden, die du bereits zu Hause hast und ihnen so eine neue Funktion schenkst. Als Holzring kann etwa ein alter Gardinenring (bitte unlackiert und unbehandelt!) herhalten und die Stoffstücke kannst du aus einem alten Bettlaken ausschneiden.

Material
Holzring, unbehandelt und unlackiert
Stoffreste
Schnittmuster
(www.emf-verlag.de/einfach-nachhaltig-leben)

Werkzeug
Textilkreide
Schere
Nähmaschine / Nadel & Faden

So geht's

1. Lade dir das Schnittmuster herunter, drucke es aus und pause es ab, um eine Schablone zu basteln.
2. Übertrage das Schnittmuster mit der Textilkreide zweimal auf deinen Stoff und schneide es mit einer kleinen Nahtzugabe aus.
3. Leg die beiden Stoffstücke auf links aufeinander und vernähe sie. Spare dabei ein kleines Stück aus, sodass ein Wendeloch entsteht.
4. Wende den Stoff und verschließe das kleine Loch.
5. Knote die „Stoffohren", wie auf der Abbildung zu sehen, um den Holzring.

MOBILITÄT

FAKTEN-CHECK

ÖPNV

Im Rahmen des **Pariser Klimaschutzabkommens** hat sich die Bundesregierung mit dem Klimaschutzplan 2050 erstmals ein Minderungsziel für den Verkehrssektor gesetzt. Demnach muss der **Verkehrssektor** seine Treibhausgasemissionen bis 2030 um 40 bis 42 % gegenüber 1990 reduzieren.

Pkws verursachen 90 % der Emissionen durch Personenverkehr. Der **ÖPNV** verursacht nur 7 %.

Der **ÖPNV** verzeichnet täglich 30,1 Millionen Fahrgäste.

2017 haben rund 23 Millionen Fahrgäste **Fernbuslinien** genutzt.

FAHRRAD

Experten schätzen, dass sich in Ballungsgebieten bis zu 30 % der Pkw-Fahrten auf den Radverkehr verlagern ließen. Dass dieses Ziel erreichbar ist, zeigen Städte wie Kopenhagen, Amsterdam oder auch deutsche **Fahrrad-Städte** wie Münster, wo der Radverkehrsanteil mit 38 % bereits über dem Anteil des motorisierten Individualverkehrs (36 %) liegt.

2018 wurden in Deutschland 980.000 **E-Bikes** verkauft.

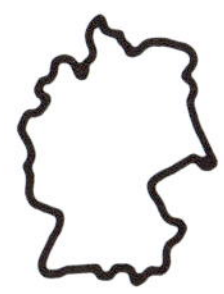

Der **Fahrradbestand** in Deutschland beläuft sich auf 75,5 Millionen Stück.

Rund 80 Prozent aller Haushalte in Deutschland besitzen mindestens ein **Fahrrad.**

ZU FUSS GEHEN

Der Mensch macht in seinem Leben durchschnittlich **50 Millionen Schritte**, das sind je nach Schrittlänge 31.500 bis 36.500 Kilometer. Wer viel zu Fuß geht, schafft es in seinem Leben einmal um den Globus. Die Erde hat einen Umfang von etwa 40.000 Kilometern.

Laut Studien ist jede 10. Autofahrt kürzer als 1 km. Bei kurzen Strecken ist man **zu Fuß** in der Regel schneller.

Die größte Gruppe der Menschen, die Wege überwiegend zu Fuß zurücklegt, ist über **74 Jahre** alt.

Die WHO empfiehlt, mindestens fünfmal pro Woche 30 Minuten **Bewegung** oder 10.000 Schritte pro Tag.

ÖPNV

Je öfter ich den öffentlichen Nahverkehr nutze, desto mehr schätze ich die Vorzüge dieser Fortbewegungsform. Die Fahrten kann ich sinnvoll nutzen, um zu arbeiten, zu lesen oder mich beim Beobachten der vorbeiziehenden Landschaft zu entspannen. Ganz besonders genieße ich unsere gemeinsamen Zugfahrten als Familie, weil wir uns dabei ganz auf uns konzentrieren können.

PRAKTISCH IM ALLTAG MIT BUS & BAHN: ALLES PER APP STEUERN

Probleme wie das fehlende Kleingeld für den Ticketautomaten oder der noch nicht aktualisierte Fahrplanaushang am Bahnsteig gehören der Vergangenheit an. Mittlerweile lässt sich von der Echtzeit-Auskunft von Verbindungen bis zum Online-Ticketkauf alles rund um die Öffentlichen Verkehrsmittel bequem per App steuern.

Die Verkehrsbetriebe einiger Städte bieten eine eigene App an. So etwa die ASEAG in Aachen, die KVB in Köln oder der VBB in Berlin. Alternativ stehen übergreifende Apps wie „Öffi" oder „DB Navigator" zur Verfügung. Die beiden letzten Apps zeigen sogar europaweit Verbindungen an.

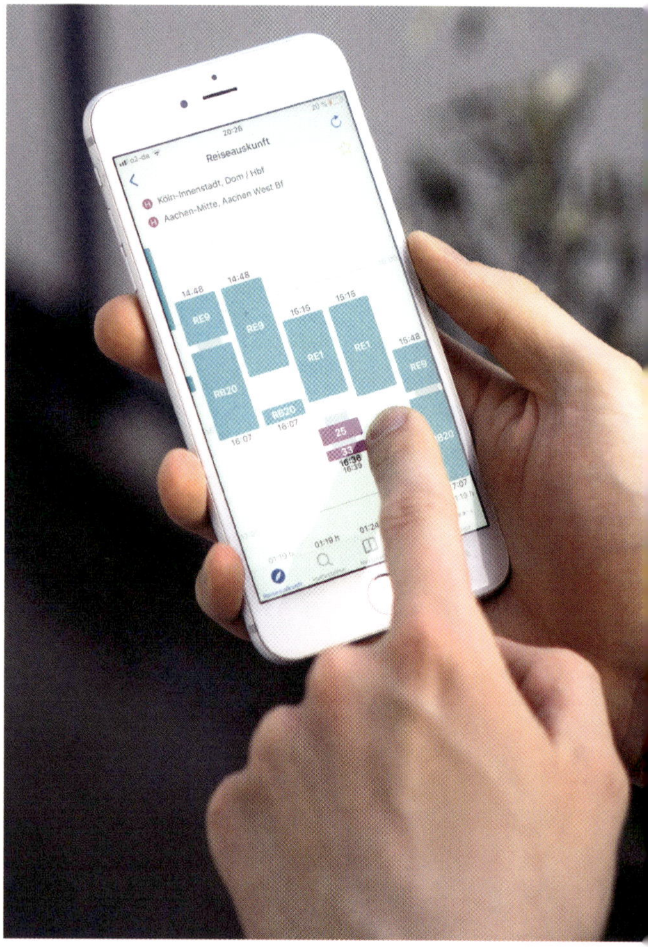

TIPPS, UM GÜNSTIGE BAHNTICKETS ZU BUCHEN

Mit Erschrecken stelle ich immer wieder fest, dass es günstiger ist von Köln aus nach Berlin, Paris, Wien & Co zu fliegen, statt dieselbe Strecke mit der Bahn zurückzulegen. Doch mit ein paar Tricks gelingt es dir, Geld beim Buchen von Bahntickets zu sparen.

1. TIPP: FRÜHZEITIG BUCHEN

In der Regel können Verbindungen ab 90 Tage vor Reisebeginn gebucht werden. Wird eine Fahrt lange im Voraus geplant, macht es Sinn, diese exakt drei Monate vorher zu buchen. Zu diesem Zeitpunkt sind die Tickets oftmals am günstigsten.

2. TIPP: RABATTAKTIONEN FÜR BAHNCARD NUTZEN

Mit der BahnCard 25 erhält man auf jede Buchung 25 % Rabatt, mit der BahnCard 50 sind es sogar 50 % Rabatt. Die BahnCard 50 gilt nicht für Sparangebote. Daher ist es abzuwägen, ob man wirklich die 50er braucht oder die 25er ausreicht. Neben der Probe-BahnCard gibt es immer wieder Aktionen, zu denen eine BahnCard kostengünstig erstanden werden kann.

3. TIPP: LÄNGERE STRECKE VIA ZIEL-BAHNHOF BUCHEN

Manchmal kann es günstiger sein, längere Strecken zu buchen und einfach eine bis mehrere Stationen früher auszusteigen, wenn der Ziel-Bahnhof auf eben dieser Strecke liegt. Klingt zwar nicht logisch, ist aber so.

4. TIPP: VERGLEICHSPORTALE NUTZEN

Vergleichsportale wie **fromAtoB.de** prüfen die Preise von Verbindungen zu unterschiedlichen Reisezeiten und -tagen. Auf Wunsch werden Transportalternativen wie Reisebusse oder Mitfahrgelegenheiten einbezogen.

5: TIPP: AUF REGIONAL- STATT FERN-VERKEHR AUSWEICHEN

Buchst du kurz vor knapp und die Reisekasse ist schmal, kannst du eventuell auf den Regionalverkehr umsteigen. So bringt dich die Kombi „SchönerTagTicket NRW" und „Niedersachsen-Ticket" etwa von Köln nach Hamburg. Das jeweilige 5-Personen-Ticket kostet für die einfache Fahrt 18 Euro pro Person.

KOMFORTABEL AUF LANGEN REISEN: DAS FAMILIENABTEIL IN DER BAHN

Als Studentin habe ich im Fernverkehr nie einen Sitzplatz reserviert. Mir hat es nichts ausgemacht, im überfüllten Zug auf dem Boden zu sitzen oder eben zu stehen. Doch seitdem wir mit Kind reisen, greifen wir gerne auf die Bequemlichkeiten des Familienabteils zurück. Dieses kann bei der Ticketbuchung, sofern es verfügbar ist, ohne weiteren Aufpreis zur üblichen Platzreservierung hinzugebucht werden. Je nach Zugmodell sind die Familienabteile unterschiedlich gestaltet. In der Regel findest du dort einen Tisch, genügend Platz zum Abstellen eines Kinderwagens oder Spielen auf dem Boden. In den neueren Modellen sind zusätzlich Motorikspiele, Bilder oder auch Landkarten an den Wänden oder auf dem Tisch angebracht.

FAHRRAD

Fahrrad fahren ist für mich vor allem im Alltag eine große Bereicherung. Mit dem Fahrrad bin ich nicht auf Abfahrtszeiten der U-Bahn angewiesen, kann meine Wegzeiten für Bewegung nutzen und verbringe viel Zeit im Freien!

ZUM TRANSPORT UND FÜR FAMILIEN: LASTENRAD ODER ANHÄNGER?

Seit dem vierten Lebensmonat unserer Tochter stellt das Lastenrad eine große Bereicherung in unserem Familienalltag dar. Zu Beginn ist sie dank einer speziellen Halterung in der Autobabyschale sicher im Rad mitgefahren, mittlerweile sitzt sie mit ihren 1,5 Jahren auf einem Kindersitz auf der Holzbank des Lastenrads.

Die Umgewöhnung an die leicht veränderte Fahrweise hat mich nur einen Tag gekostet und seitdem fahre ich tatsächlich lieber mit dem Lastenrad als mit meinem Straßenrad. Das ist unter anderem gewiss auch der elektrischen Tretunterstützung geschuldet. Nicht nur unsere Tochter findet im Lastenrad Platz. Auch Großeinkäufe, mehrere Säcke Altkleider und sogar eine zusammengerollte Matratze haben wir bereits mit dem Rad transportiert.

Neben dem Lastenrad steht die Option eines entsprechenden Fahrradanhängers zur Wahl. Wenn du dich aktuell mit dem Thema beschäftigst, können dir einige der folgenden Argumente bei der Entscheidungsfindung bestimmt helfen. Mein Tipp: Wende dich an einen Fachhändler und vereinbare Testfahrten für unterschiedliche Lastenrad-Modelle und Anhänger-Typen. So findest du am besten heraus, was zu euch passt.

MIT DEM RAD ZUR ARBEIT

Möchtest du vermehrt auf das Auto verzichten und dein Arbeitsplatz ist nicht allzu weit entfernt, stellt die Fahrt mit dem Rad zur Arbeit einen tollen Einstieg dar. Besitzt du bisher kein für dieses Vorhaben geeignetes Fahrrad, ist das Fahrradleasing über den Arbeitgeber eine kostengünstige Option.

Das Fahrradleasing birgt Vorteile für Arbeitnehmer und -geber. Die Leasinggebühr zur guten Kondition wird in der Regel automatisch über die vereinbarte Laufzeit mit dem monatlichen Gehalt verrechnet. Durch diese Vorgehensweise ergeben sich steuerliche Vorteile. Wie sich diese Vorteile im Detail gestalten, kannst du auf **businessbike.de** ausrechnen.

FAHRRAD AUSLEIHEN

Dein Rad ist defekt, die Bahn fällt aus oder du bist zu Besuch in einer fremden Stadt? Es muss nicht immer das eigene Rad sein – es gibt mittlerweile diverse Möglichkeiten, Fahrräder unkompliziert zu leihen. Nach einer kostenlosen Registrierung kannst du über **callabike-interaktiv.de** in über 45 Städten und über **nextbike.de** in über 60 Städten Fahrräder ausleihen. Zusätzlich gibt es in vielen Städten kleinere regionale Bike-Sharing-Anbieter. Auf **cargobike.jetzt** kannst du dir sogar eine Liste für Lastenräder, die kostenlos ausgeliehen werden können, anzeigen lassen. In einigen Großstädten gibt es mittlerweile auch E-Roller, die man leihen kann. In Berlin und München stehen zum Beispiel rote E-Roller namens **„Emmy"** zur Verfügung, in Stuttgart heißen die blauen Flitzer **„Stella"**.

SOLLTE DOCH EINMAL EIN AUTO VON NÖTEN SEIN: CARSHARING!

Fahren spät in der Nacht keine Öffentlichen Verkehrsmittel mehr oder ich muss Gegenstände in der Größe einer Kommode transportieren, greife ich vereinzelt gerne auf ein Auto zurück. Entweder leihe ich mir dieses im Familien- oder Freundeskreis oder ich miete ein Auto über Carsharing-Anbieter wie **SHARE NOW**, **Flinkster** oder **Cambio**. Neben den gewerblichen Anbietern gibt es auch Plattformen wie **SnappCar**, auf denen private Pkws geteilt werden können.

PRO LASTENRAD	PRO ANHÄNGER
Liegt sicherer in der Spur (schlackert nicht)	Günstiger in der Anschaffung
Transport von bis zu 6 Kindern	Flexibilität (als Kinderwagen nutzbar)
Hohe Belastbarkeit für Einkäufe oder Schulkinder (je nach Modell bis zu 200 kg)	Zusammenfaltbar (etwa für den Transport im Auto)
Bessere Sicht für die Kinder und gleichzeitig im Blickfeld des Fahrers	Lässt sich an verschiedene Räder montieren (von Papa, Mama, Opa etc.)

ZU FUSS GEHEN

Die wohl nachhaltigste Fortbewegungsmethode ist der Fußmarsch. Gleichzeitig ist er die Methode, die die wenigsten bewusst wählen. Dabei können wir im Schnitt bequem drei Kilometer in 30 Minuten zurücklegen und brauchen damit nicht bedeutend länger als etwa ein Bus im Stadtverkehr. Auch für mich persönlich habe ich viele Vorteile daran zu schätzen gelernt.

ICH GEHE GERNE ZU FUSS, WEIL ...

... ich das Tempo komplett selbst bestimmen kann.

... ich ganz automatisch etwas für meine Gesundheit tue.

... ich nicht auf Abfahrtszeiten von Öffentlichen Verkehrsmitteln angewiesen bin.

... es mich keinen Cent kostet.

... ich beim Spazieren meinen Gedanken freien Lauf lassen kann.

... ich meine Umwelt viel bewusster wahrnehme.

... ich immer neue Wege entdecken kann.

... ich bei Bedarf kleine Umwege etwa zum Einkaufen einschlagen kann.

... es Stress abbaut.

... ich es oft und gerne in Gesellschaft mache.

... ich nur für mich sein kann.

... es mich demütig werden lässt.

... ich dabei meditieren kann.

... ich an der frischen Luft bin.

... ich dabei ungestört Musik hören kann.

... es meinen Rücken nach langem Sitzen entlastet.

... ich einen Weg direkt durch die Natur wählen kann.

... es meinen Alltag ein Stück entschleunigt.

... ich nicht in einen Stau geraten kann.

... ich nebenbei Müll sammeln kann.

... es meine Kopfschmerzen vertreibt.

... dadurch meine Verdauung in Schwung kommt.

... es meine Beine lockert.

... ich dabei Lösungen für Probleme finden kann.

... diese Abwechslung meine Kreativität anregt.

... ich nebenbei Vitamin D tanken kann.

... ich Abkürzungen nehmen kann, die mit dem Rad nicht zugänglich sind.

... es einfach glücklich macht.

DEIN FAHRPLAN

Schau dir einmal ganz bewusst an, welche Strecke du bisher wie zurücklegst. Zur Analyse kannst du diese Tabelle ausfüllen und gleichzeitig nach Alternativen suchen.

AKTUELLE SITUATION

VON	NACH	TRANSPORT-MITTEL	ZEITAUFWAND	KOSTEN

NACHHALTIGE ALTERNATIVEN

VON	NACH	TRANSPORT-MITTEL	ZEITAUFWAND	KOSTEN

REISEN

FAKTEN-CHECK

ANREISE

Beim Verbrennen vom Flugzeug-Treibstoff Kerosin entstehen klimaschädliche **Abgase**. Sie bestehen überwiegend aus Wasserdampf, Kohlendioxid und Stickoxiden. Die Auswirkungen dieser Stoffe sind in luftiger Höhe rund dreimal so groß wie am Boden und vergrößern so den **Treibhauseffekt** entsprechend. Bis zu 100 Jahre bleiben diese Schadstoffe in der Atmosphäre.

Der **Pkw** ist mit 73 % das meistgenutzte Verkehrsmittel der Deutschen für Urlaubsziele im Inland.

Die **Bahn** produziert pro Personenkilometer sechsmal weniger Treibhausgase als ein Flugzeug.

Ein **Flug** von Deutschland auf die Malediven und zurück hat eine Klimawirkung von über fünf Tonnen CO_2/Person.

UNTERKUNFT

Im Jahr 2018 wurden auf den **Campingplätzen** in Deutschland rund 34,6 Millionen Übernachtungen von in- und ausländischen Gästen gezählt. Das ist eine Steigerung um 3,51 Millionen Gästen zum Vorjahr. In manchen Regionen Deutschlands, wie zum Beispiel im gut erschlossenen Pfälzer Wald, ist auch wildcampen erlaubt.

Hotels waren 2018 mit 47 % die meistgenutzte Unterkunft der Deutschen bei Urlauben im Inland.

Rund 25 % der Deutschen nutzten 2018 eine **Ferienwohnung** oder ein **Ferienhaus.**

2018 gab es in Deutschland rund 46.900 Neuzulassungen von **Reisemobilen.**

VOR ORT

Was für die Anreise gilt, ist auch am **Urlaubsort** zu bedenken. Statt mit einem Mietwagen, kann das Urlaubsziel mit öffentlichen Verkehrsmitteln oder dem Rad erkundet werden – so lassen sich Land und Leute auch gleich besser kennenlernen. Bei Müll gilt wie zu Hause: möglichst vermeiden und ansonsten entsprechend entsorgen.

Sehenswürdigkeiten & **Naturerleben** gehören bei 57 % der Deutschen zu den Highlights eines Urlaubs im Inland.

Die Nordseeinsel Juist will bis 2030 **CO_2-neutral** sein und bittet dabei auch Touristen um Mithilfe.

Im Schnitt verbraucht ein Mensch 100 Liter **Wasser** am Tag. In touristischen Orten liegt der Verbrauch bei über 250 Litern.

ANREISE

Im Urlaub kann bereits die Anreise zum Abenteuer werden. Nachhaltigere Transportmittel empfinde ich als deutlich angenehmer. Den Reisebus muss ich nicht selber fahren und in der Bahn gewinne ich zusätzlich noch Bewegungsfreiheit hinzu. Nicht einmal eine Pipi-Pause muss eingelegt werden.

TRANSPORTMITTEL	TREIBHAUSGASE IN G/PKM [PERSONENKILOMETER]
Auto	139
Reisebus	32
Bahn [Fernverkehr]	36
Flugzeug	201

Neben dem simplen Wechsel von Auto auf Bahn gibt es noch weitere Möglichkeiten, die Anreise und dadurch gleich die gesamte Reise nachhaltiger zu gestalten.

HINWEIS

Der Vergleich zeigt: Beim Umstieg vom Auto auf die Bahn wird der Ausstoß an Treibhausgasen drastisch reduziert.

WIE WÄR'S MAL MIT ...

... der Mitfahrgelegenheit in den Urlaub zu fahren?
... einen Radurlaub ab der eigenen Haustür zu starten?
... dem Nachtzug eine längere Strecke zurückzulegen?
... Urlaub im Nachbarort und einer Anreise zu Fuß?
... einem Reisebus eine deutsche Stadt zu bereisen?
... eine deutsche autofreie Insel wie Juist zu erkunden?

FREIWILLIGE CO_2-KOMPENSATION VON FLÜGEN

Bei einem Flug wird eine große Menge CO_2 freigesetzt. Auf Kurzstreckenflüge sollte daher komplett verzichtet werden. Weite Flugreisen sollten mit Bedacht und selten gemacht werden. Wird eine Strecke mit dem Flugzeug zurückgelegt, besteht die Möglichkeit, das dabei freigesetzte CO_2 zu kompensieren. Natürlich besteht diese Option auch für alle anderen Transportmittel, doch beim Flug ist die Auswirkung – neben einer Kreuzfahrt – am größten.

WIE FUNKTIONIERT DIE KOMPENSATION?

Mittlerweile gibt es viele deutsche Anbieter, die eine unkomplizierte CO_2-Kompensation ermöglichen. Auf der Website des jeweiligen Anbieters wird die CO_2-Emission anhand einiger Eckdaten berechnet und in einen Spendenbetrag umgewandelt. Die Anbieter investieren das Spendengeld in Klimaschutzprojekte, bei denen die gleiche Menge CO_2 gebunden werden soll. Die Kompensation ist natürlich kein Freifahrtschein für unzählige Flugreisen. Dennoch ist eine Klimaspende besser als gar keine Kompensation.

BEISPIEL: KÖLN → NEW YORK (ETWA 12.100 KM FLUGSTRECKE)
HIN- & RÜCKFLUG // 1 PERSON // ECONOMY CLASS

ANBIETER	ERRECHNETE CO_2-EMISSION	SPENDENBETRAG
atmosfair	2,98 Tonnen	69,00 Euro
Klima ohne Grenzen	2,15 Tonnen	47,30 Euro
myclimate	2,2 Tonnen	49,00 Euro
ARKTIK	3,01 Tonnen	45,20 Euro

ZUM VERGLEICH: Ein Jahr Autofahren (Mittelklassewagen, 12.000 km) verursacht 2 Tonnen CO_2-Emission. Das klimaverträgliche Jahresbudget eines Menschen liegt bei etwa 2,3 Tonnen CO_2-Emission.

UNTERKUNFT

Große Hotelanlagen haben einen hohen Energiebedarf und beanspruchen viel Fläche. Bio-Hotels oder Selbstversorger-Ferienwohnungen stellen eine nachhaltige Alternative dar. Neben diesem klassischen Angebot gibt es viele außergewöhnliche nachhaltige Unterkünfte.

ÜBERNACHTEN IM ...

... ZIRKUSWAGEN AUF EHEMALIGEM MILITÄRGELÄNDE

Das Hofgut Hopfenburg steht auf einem alten Truppenübungsplatz. Da es lange Zeit brach lag, konnten sich Tier- und Pflanzenwelt frei entfalten. Hofgut Hopfenburg verwendet biologische Baustoffe und erzeugt Strom mit eigenen Blockheizkraftwerken.

www.hofgut-hopfenburg.de

... ÜBERSEECONTAINER UMGEBEN VON SANDDÜNEN

Der Campingplatz De Lakens liegt nur 100 Meter vom Strand entfernt und mitten im Nationalpark Zuid-Kennemerland. In den umgebauten Überseecontainern können 2–3 Personen übernachten. Gemeinschaftsgrill, Picknicktische und Hängematten bereichern das Leben unter freiem Himmel. Die Bilder auf der rechten Seite vermitteln einen wunderbaren Eindruck von der besonderen Atmosphäre dort.

www.campingdelakens.de

... SCHWEBEZELT ZWISCHEN BÄUMEN

Im Naturpark Saar-Hunsrück kannst du die Nacht in einem Zelt zwei bis drei Meter über dem Boden schwebend verbringen. Am Abend wird gemeinsam am Lagerfeuer gegessen. Der Morgen begrüßt dich mit einer ganz besonderen Aussicht.

www.cloefhaenger.com

... MINIMALISTISCHEN TINY HOUSE VILLAGE

Im Tiny House Village in Oberfranken steht das bewusste Leben in der Natur und „Downsizing" im Fokus. Auf dem ehemaligen Campingplatz leben einige Bewohner dauerhaft. Drei Tiny Houses in unterschiedlichen Ausführungen können angemietet werden.

www.tinyhousevillage.de

VOR ORT

Während einer Reise sind wir zu Gast in fremden Städten und Ländern. Auch dort sollten wir Umwelt und Menschen schützen. Doch besondere Umstände erfordern mitunter besondere Lösungsansätze. Ich möchte dir daher fünf Tipps nennen, mit denen du nachhaltig reisen kannst – sozial wie ökologisch.

MIT DEM REISEZIEL VERTRAUT MACHEN

Andere Länder, andere Sitten. Belese dich zu Kultur und Gewohnheiten vor Ort, wenn du ein fremdes Land bereist. Manches, was bei uns als höflich gilt, gilt dort vielleicht als unhöflich. Mit deinem Wissen kannst du den Menschen vor Ort mit Respekt begegnen. Lerne die wichtigsten Vokabeln wie „Hallo", „Tschüss" und „Danke". So kommst du mit Einheimischen schnell ins Gespräch.

NACHHALTIG MOBIL VOR ORT: STATT MIETWAGEN LIEBER MIETRAD

Du hast dich bereits mit der nachhaltigen Anreise zum Urlaubsziel befasst. Doch auch vor Ort möchtest du mobil sein. Informiere dich vorab über die Infrastruktur. Ist dein Reiseziel besonders fahrradfreundlich oder gibt es ein gut ausgebautes U-Bahn-Netz? In vielen Fällen kannst du auf das Mietauto verzichten und bist mit dem Rad und dem ÖPNV genauso mobil.

IN KLEINEN LOKALEN RESTAURANTS ESSEN

Gerade in touristisch erschlossenen Regionen werden kleine lokale Restaurants und Läden von großen Ketten mit der Zeit verdrängt. Unterstütze den Markt vor Ort und wähle bewusst kleine inhabergeführte Lokalitäten. Dort kannst du authentische, regionale Küche in einer entspannten Atmosphäre genießen.

MÜLL VOR ORT VERMEIDEN

Im gewohnten Umfeld fällt es uns leichter, Müll zu vermeiden. Wir kennen die uns zur Verfügung stehenden Alternativen und haben Routinen entwickelt. Unterwegs mag es dir an der ein oder anderen Stelle noch schwer fallen, auf Plastikverpackungen zu verzichten. Mit ein paar simplen Tricks gelingt es dir aber auch auf deinen Reisen:

MIT WIEDERBEFÜLLBARER TRINKFLASCHE REISEN.

In vielen Cafés und Restaurants kannst du deine eigene Trinkflasche problemlos auffüllen lassen. So kannst du auf abgefülltes Wasser in Plastikflaschen verzichten.

BESTECK INS GEPÄCK.

Ob Eisbecher oder Pommes to go – auch wenn Plastik-Einweggeschirr 2020 in der EU verboten werden soll, kommt es teilweise noch immer zum Einsatz. Mit deinem eigenen Besteck in der Tasche kannst du auf diese Wegwerfprodukte verzichten.

JUTEBEUTEL IMMER DABEI.

Immer wieder gibt es Situationen, in denen eine zusätzliche Tasche vonnöten ist. Beim Lebensmitteleinkauf für die Selbstversorger-Ferienwohnung oder beim Souvenir-Shopping. Mit einer gut verstauten Stofftasche bist du auch für Spontankäufe gewappnet.

BROTDOSE(N) MITNEHMEN.

Bereite dir dein Proviant für den Strandtag oder die Wanderung nach Möglichkeit selbst zu und transportiere es in einer geeigneten Dose. To-go-Speisen sind häufig in Plastik verpackt. Mit einer Brotdose im Gepäck kannst du dir zudem Reste im Restaurant müllfrei einpacken lassen.

KLEINES PRIVATES CLEAN-UP: PLASTIKMÜLL AM STRAND EINSAMMELN

Immer häufiger und in immer größeren Mengen wird Plastikmüll weltweit an Stränden angespült. Durch ein kleines Beach-Clean-Up kannst du aktiv zur Säuberung der Strände beitragen. Setze dir zum Ziel eine Stunde lang Plastikmüll zu sammeln. Vermutlich wirst du Aufsehen erregen und andere Menschen werden sich dir womöglich anschließen.

Alternativ kannst du eine eigene Faustregel wie „bei jedem Strandbesuch 3 Plastikmüllteile mitnehmen" für dich festlegen. Ein Clean-Up kannst du natürlich nicht nur am Strand, sondern etwa auch im Wald durchführen.

REISEZIELE

Schöne Reiseziele liegen oftmals ganz nah. Aufgrund der Nähe kannst du gut auf das Flugzeug verzichten. Auch in Europa gibt es etliche Städte, Nationalparks, Gewässer oder Berge zu erkunden. Wie du in der Liste sehen kannst, gibt es auch vor der Haustür sehenswerte Reiseziele innerhalb Deutschlands.

Deutschland		
STÄDTE		**REGIONEN**
Berlin	Frankfurt am Main	Spreewald
Leipzig	Hannover	Leinebergland
Dresden	Mainz	Eichsfeld
Hamburg	Augsburg	Lüneburger Heide
München	Rothenburg ob der Tauber	Schaumburger Land
Köln	Marburg	Teutoburger Wald
Freiburg	Heidelberg	Fünfseenland
Ravensburg	Görlitz	Mecklenburgische Seenplatte
Ulm	Passau	Saale-Unstrut-Region
Münster	Schwerin	Markgräflerland
Weimar	Bamberg	Uckermark
Garmisch-Partenkirchen	Wismar	**NATIONALPARKS**
Lübeck	Stralsund	Eifel
Kiel	Baden-Baden	Bayerischer Wald
Flensburg	Konstanz	Müritz
Potsdam	Darmstadt	Unteres Oderland
Trier	Lüneburg	Hainich
Koblenz	Wiesbaden	Harz
Düsseldorf	Rostock	Schwarzwald
Erfurt	Nürnberg	Berchtesgaden
Stuttgart	Aschaffenburg	Hunsrück-Hochwald
Freising	Monschau	Sächsische Schweiz
Bremen	Würzburg	Niedersächsisches Wattenmeer

Europa		
STÄDTE	Glasgow	**REGIONEN**
Wien	Sofia	Toskana
Paris	Valencia	Provence
Rom	Belfast	Sierra Nevada
Venedig	Manchester	Normandie
Stockholm	Plovdiv	Fjordnorwegen
Kopenhagen	Krakau	Andalusien
Oslo	Warschau	Genferseeregion
Salzburg	Athen	Wallonie
Florenz	Bern	Elsass
London	Bukarest	Highlands
Pisa	Kiew	Costa Brava
Barcelona	Bergen	Ligurien
Dubrovnik	Dublin	**NATIONALPARKS**
Prag	Madrid	Smolenskoje Pooserje
Budapest	Luxemburg	Waldai
Straßburg	Zagreb	Hohe Tauern
Amsterdam	Vatikanstadt	Sotschier Nationalpark
Den Haag	Vilnius	Sarek
Riga	Tirana	Padjelanta
Mailand	Vaduz	Lemnenjoki
Edinburgh	Valletta	Wodlosero-Nationalpark
Tirano	Monaco	Vatnajökull-Nationalpark
St. Moritz	Toulouse	Laponia

Am Wasser		
FLÜSSE	**INSELN**	**SEEN**
Rhein	Niederwerth	Großer Goitzschesee
Main	Juist	Bodensee
Mosel	Amrum	Ammersee
Spree	Sylt	Starnberger See
Elbe	Norderney	Wörthsee
Donau	Langeoog	Pilsensee
Weser	Helgoland	Chiemsee
Neckar	Rügen	Walchensee
Havel	Usedom	Wannsee
Werra	Fehmarn	Eibsee
Ems	Hiddensee	Laacher See
Ruhr	Poel	Steinhuder Meer
Inn	Föhr	Öjendorfer See
Isar	Wangerooge	Scharmützelsee

IN DEN BERGEN		MIT KINDERN
Sächsische Schweiz	Allgäu	Kassel („Märchenstadt")
Schwarzwald	Harz	Familienfreundliche Wanderungen
Erzgebirge	Rhön	Erlebnisbauernhof
Bayerische Alpen	Hunsrück	Kinder-Surfcamp an Nord- & Ostsee
Westerwald	Taunus	Segeltour über das Ijsselmeer
Sauerland	Zugspitze	Familienhotel

INSPIRATION:
DEIN MIKROABENTEUER

Ein Mikroabenteuer ist eine Art Mini-Reise, die du direkt vor deiner Haustür und ohne großen Aufwand erleben kannst. Manchmal sind die besten Dinge ganz nah, kosten kaum etwas und geschehen spontan ohne lange Planung. Mit ein paar Vorschlägen möchte ich dich dazu inspirieren mal wieder ein Mikroabenteuer zu starten.

8 VORSCHLÄGE

1. Übernachte draußen in der Natur. Das kann auch der eigene Garten sein.
2. Pack dein Essen ein und iss es draußen im Park, statt drinnen am Tisch.
3. Steig in deinem Wohnort an der nächsten Bushaltestelle in den Bus und fahre 30 Minuten lang mit ihm. Wander anschließend zurück nach Hause.
4. Geh nachts im Badesee schwimmen.
5. Mach eine fünftägige Radtour. Übernachte im Zelt und reservier vorher nicht auf Campingplätzen, sondern lass dich treiben.
6. Such die dunkelste Stelle in deinem Umfeld und brech zu einer Sternenwanderung auf.
7. Jährlich gibt es in der ersten Augusthälfte ein erhöhtes Aufkommen an Sternschnuppen. Leg dich nachts mit einer Decke in den Garten oder Park und beobachte den Sternenregen.
8. Steh um 5 Uhr auf und spaziere durch die Stadt, bevor sie mit Menschen und Fahrzeugen belebt ist.

MODE

FAKTEN-CHECK

FAIR FASHION

Die Textilindustrie ist vielschichtig. Von dem Anbau der Ressourcen über die Fertigung bis hin zum Verkauf sind mehrere Millionen Menschen im Bereich Mode beschäftigt. Die **Arbeits- und Produktionsbedingungen** sind daher weitreichend. Glücklicherweise nimmt der Trend „Fair Fashion" langsam Fahrt auf.

Der Absatz von Textilien aus **Fair-Trade-Baumwolle** ist von 2,5 Millionen € (2012) auf 12,5 Millionen € (2017) gestiegen.

Rund 30 Millionen **Menschen** arbeiten in der Textilindustrie.

Über 20.000 verschiedene **Chemikalien** werden in der Textilindustrie eingesetzt.

SLOW FASHION

Der Lebenszyklus unserer Kleidung hat sich in den letzten Jahren enorm verkürzt. Gleichzeitig wandern immer mehr Kleidungsstücke in unseren Schrank. Mit der richtigen Pflege und der achtsamen Auswahl von **Lieblingsteilen** kommen wir ohne wirklichen Verzicht länger mit den einzelnen Teilen und mit weniger, hochwertigeren Kleidungsstücken aus.

58 % der Deutschen haben schon einmal Kleidung selbst **repariert.**

Die Deutschen besitzen im Schnitt 95 **Kleidungsstücke.**

12 % der **Schuhe** werden weniger als 1 Jahr getragen.

SECOND HAND

Die Herstellung von Textilien benötigt viele Ressourcen und ist energieaufwendig. Am nachhaltigsten ist es daher, auf **Kleidungsstücke aus zweiter Hand** zurückzugreifen. Es ist mitunter zeitaufwendiger, ein spezielles Teil Second Hand zu finden, doch einmal auf den Geschmack gekommen kann die Suche regelrecht Freude bereiten.

Rund 2.720 Liter **Wasser** werden für die Produktion eines T-Shirts benötigt.

In Deutschland werden jährlich etwa **1,3 Millionen Tonnen** Kleidung entsorgt.

46 % der Deutschen haben schon einmal **Second-Hand-Mode** gekauft.

FAIR FASHION

Jeder Einkaufszettel ist ein Stimmzettel. Durch die bewusste Entscheidung für Fair Fashion und gegen Fast Fashion sprichst du dich bewusst gegen Ausbeutung und Umweltbelastung aus und kannst damit eine Veränderung bewirken.

TEXTILSIEGEL

Nachhaltige Modelabels agieren in der Regel transparent. Sie gewähren Einblicke in die Produktion und liefern umfangreiche Informationen zu den verwendeten Materialien. Kleine Labels können sich oftmals keine Zertifikate leisten, in solchen Fällen sind sie für mich kein Muss und ich setze auf die Transparenz. Dennoch bieten Textilsiegel eine gute Orientierung. Auf **siegelklarheit.de** werden alle unterschiedlichen Siegel vorgestellt. Auf der rechten Seite habe ich für dich die größten Siegel zusammengestellt.

LABEL GUIDE

Erfreulicherweise gibt es mittlerweile zahlreiche Fair Fashion Labels. Kleine wie große Marken bedienen dabei die unterschiedlichsten Geschmäcker. Einige Labels haben sich auf Unterwäsche, Kindermode oder Sportbekleidung spezialisiert. Da eine Auflistung der Labels dieses Buch sprengen würde, kannst du dir diese auf meinem Blog anschauen:
subvoyage.de/fair-fashion-guide

WAS GEGEN FAST FASHION SPRICHT

Mode sollte fair für Menschen und Umwelt sein. Leider entwickelt sich die Modewelt in eine völlig andere Richtung: Große Billigketten bieten mittlerweile bis zu 24 Kollektionen pro Jahr zu niedrigsten Preisen an. Möglich ist das nur durch Hungerlöhne, menschenunwürdige Arbeitsbedingungen und starke Belastung der Umwelt aufgrund des Einsatzes von giftigen Chemikalien sowie exzessiver Landwirtschaft für den Anbau von Rohstoffen wie etwa Baumwolle. Daher gilt: lieber auf Fair Fashion zurückgreifen!

GOTS

Der „Global Organic Textile Standard" stellt die gesamte Wertschöpfungskette auf den Prüfstand – vom Anbau bis zum fertigen Produkt. Auch soziale Mindeststandards werden dabei festgelegt.

Fairtrade Certified Cotton

Kleidungsstücke mit diesem Siegel bestehen zu 100 % aus fairtrade-zertifizierter Bio-Baumwolle. Zudem werden faire Arbeitsbedingungen und Mindestpreise für Baumwollbauern garantiert.

Bluesign

„Bluesign" möchte die Umwelteinflüsse in der Textilbranche verringern. Der Standard regelt daher Chemikalienrisiken für die gesamte Herstellungskette und stellt einen verantwortungsbewussten Umgang mit Ressourcen sicher.

IVN BEST

Das Siegel regelt sowohl Material- als auch Sozialstandards und ist das ökologisch strengste Zertifikat. Die Textilien bestehen aus 100 % Bio-Naturfasern.

OEKO-TEX Made in Green

Das Siegel stellt hohe Anforderungen an Umwelt- und Qualitätsmanagement sowie die Arbeitssicherheit.

---

fair for life

Setzt sich besonders stark für gerechte Bedingungen der Arbeiter ein. Kinderarbeit, Dumpinglöhne und unrechtmäßige Arbeitszeiten sind somit ausgeschlossen.

SLOW FASHION

Slow Fashion sehe ich als Erweiterung von Fair Fashion. Sie zeichnet sich durch den achtsamen Umgang mit Mode aus. Schließlich verbraucht auch fair produzierte Mode Ressourcen und verursacht CO_2-Emissionen. Der bewusste Konsum und die Langlebigkeit unserer Kleidung spielen daher eine große Rolle.

QUALITÄT STATT QUANTITÄT

Im Schnitt kaufen die Deutschen 60 Kleidungsstücke pro Jahr. Einige davon werden nie getragen. Zeitgleich ist die Lebensdauer von Kleidungsstücken rapide gesunken. Nur 39 % der Befragten einer Greenpeace-Studie geben an, Schuhe länger als 3 Jahre zu nutzen. 12 % tragen sie weniger als 1 Jahr. Grund dafür ist oftmals der schnelle Verschleiß. Die Investition in qualitativ hochwertige Teile rentiert sich auf lange Sicht – für die Umwelt und letztendlich auch für den eigenen Geldbeutel.

PFLEGE VON KLEIDUNG

Nicht selten landen Kleidungsstücke nach einmaligem Tragen in der Wäschetonne. Aus reiner Gewohnheit. Wirklich dreckig oder muffig sind sie meistens nicht. Jeder Waschgang beansprucht unsere Kleidung. Die richtige Pflege ist daher besonders wichtig für die Langlebigkeit unserer Lieblingsstücke. Diese sechs Pflegetipps lassen sich ohne großen Aufwand umsetzen:

1. Hänge deine Kleidungsstücke nach dem Tragen auf, statt sie auf den Boden zu werfen. So knittern sie nicht und können nochmals getragen werden.

2. Haben deine Kleidungsstücke Gerüche aufgenommen, lüfte sie zunächst. Nach 2–3 Stunden wirst du viele Gerüche nicht mehr wahrnehmen.

3. Behandle kleine Flecken punktuell, statt direkt das ganze Kleidungsstück zu waschen.

4. Beachte die Waschanleitung in deiner Kleidung und wasche nicht zu heiß. Niedrige Waschtemperaturen schonen deine Klamotten und die Umwelt.

5. Verwende ökologisches Waschmittel ohne aggressive Chemikalien, die deine Kleidung angreifen.

6. Verzichte nach Möglichkeit auf einen Trockner.

LANGER LEBENSZYKLUS: KLEIDUNG REPARIEREN

Wann hast du das letzte Mal eine zerschlissene Jeans zur Schneiderei gebracht? Oder selbst zu Nadel und Faden gegriffen und einen abgerissenen Knopf neu angenäht? In den meisten Fällen weisen „kaputte" Kleidungsstücke nur kleine Mängel auf, die im Handumdrehen repariert werden können. Probier's beim nächsten Mal einfach aus!

WENN GAR NICHTS MEHR GEHT: UPCYCLEN!

Bei manchen Kleidungsstücken ist der Aufwand einer Reparatur recht hoch oder sie haben etwa Flecken, die sich nicht mehr entfernen lassen. Selbst in solchen Fällen sind die Kleidungsstücke viel zu schade für die Tonne. Den Stoff kannst du prima für Upcycling-Projekte wie Stofftaschentücher, Beutel zum Einkaufen oder Kissenbezüge nutzen. Für Upcycling-Abschminkpads möchte ich dir auf der nächsten Seite gerne eine simple DIY-Anleitung zeigen.

DIY-ABSCHMINKPADS

Mit selbst gemachten Abschminkpads erreichst du gleich zwei Nachhaltigkeitsziele: Zum einen verwertest du alte Kleidung und zum anderen sind sie eine wunderbar umweltbewusste Alternative zu Wegwerf-Wattepads.

Material
Stoffreste
Faden

Werkzeug
Schere
Nadel

So geht's

1. Schneide die Stoffreste je nach Vorliebe in Kreise oder Quadrate. Nimm für ein gleichmäßiges Ergebnis eine Schablone zur Hand. Diese kannst du ebenfalls ganz einfach selber machen, indem du ein Glas mit einem Bleistift auf einem Stück Altpapier umrandest und den so entstanden Kreis ausschneidest. Fixiere die Schablone am besten mit Stecknadeln auf deinem Stück Stoff, damit sie beim Ausschneiden der Stoffkreise nicht verrutscht.
2. Lege nun jeweils 2 Kreise oder Quadrate aufeinander und vernähe sie per Hand. Du kannst die Stoffreste auch einzeln verwenden. Durch die doppelte Lage liegen sie lediglich besser in der Hand und sind saugfähiger.

SECOND HAND

Das nachhaltigste Kleidungsstück ist immer noch das, welches nicht neu produziert wird. Mode aus zweiter Hand ist somit nicht nur eine preiswerte, sondern auch nachhaltige Alternative.

WO KANN MAN SECOND-HAND-MODE KAUFEN?

Second-Hand-Läden haben ihr staubiges Image hinter sich gelassen. In immer mehr Städten gibt es gut sortierte Second-Hand-Läden mit wahren Schmuckstücken. Mit Hilfe der App „Findeling" kannst du nach Einkaufsmöglichkeiten in deiner Nähe suchen.

Alternativ zu den lokalen Läden gibt es auch online immer mehr Möglichkeiten, Kleidung aus zweiter Hand zu kaufen. Auf einer dieser Plattformen wirst du gewiss fündig: **Kleiderkreisel, eBay Kleinanzeigen, Mädchen Flohmarkt, Shpock, Oma Klara, Mamikreisel, Kleider machen Bräute, Catchys, Rebelle, remix, ubup, Second Life Fashion**.

KLEIDERTAUSCHPARTYS

Zunehmend organisieren Vereine oder auch Universitäten Kleidertauschpartys. Im kleinen Stil kann man solch eine Party auch in den eigenen vier Wänden organisieren. Jeder bringt ein paar gut erhaltene Kleidungsstücke mit und tauscht diese gegen neue Lieblingsteile.

WIE SOLLTEN ALTKLEIDER GESPENDET WERDEN?

Kleidercontainer findet man an fast jeder Ecke. Einige tragen keine Aufschrift und es ist unklar, was genau mit den gespendeten Kleidungsstücken geschieht. Hier ist Vorsicht geboten. Nicht immer werden die Spenden für einen guten Zweck eingesetzt. Lokal und persönlich spenden ist daher oftmals die bessere Wahl. Spenden nehmen entgegen: **Frauenhaus, Flüchtlingsheim, Bahnhofsmission, Arbeiterwohlfahrt, Kleiderkammer, Sozialkaufhaus, Oxfam-Laden**.

Eine konkrete Anlaufstelle mit Kontaktdaten in deiner Stadt findest Du mit nur wenigen Klicks über die Plattform **wohindamit.org.** Alle dort gelisteten Initiativen agieren gemeinnützig. Neben Einrichtungen, die

Kleiderspenden entgegennehmen, kannst du auch nach Annahmestellen für Spenden von Möbeln, Hausrat, Spielzeug, Elektronik, Büchern und sogar Fahrzeugen suchen. Sortiere die Kleidung vorher gründlich aus, denn mit kaputten oder ausgebleichten Teilen können auch die Annahmestellen wenig anfangen.

ALTKLEIDERRECYCLING: WIE NACHHALTIG IST DAS WIRKLICH?

Große Modeketten werben mit Recycling-Kampagnen und tauschen Altkleider der Kunden sogar gegen Einkaufsgutscheine. Das mag den Anschein erwecken, Altkleiderrecycling würde in großem Umfang betrieben werden und sei lohnenswert. Tatsächlich ist das Gegenteil der Fall. Das Recycling von Textilien steckt noch in den Anfängen.

Recycling-Baumwolle ist aktuell doppelt so teuer wie frische Baumwolle und zudem minderwertig in der Qualität. Um die Baumwollfäden erneut nutzen zu können, müssen die Fasern zerrissen werden. Dadurch ist das Endprodukt kürzer, dünner und nicht mehr so robust. Auch einem Recycling-Shirt muss daher neues Garn beigemischt werden.

MISCHFASERN ERSCHWEREN DAS RECYCLING ZUSÄTZLICH

Die wenigsten Kleidungsstücke bestehen zu 100 % aus Baumwolle. Gerade für Billigmode werden oftmals unterschiedliche Kunstfasern gemischt. Dadurch wird das Recycling schwierig bis unmöglich. Einmal verwoben, können die Fasern nicht erneut getrennt werden. Um die Kleidungsstücke mit reinen Fasern aus dem Altkleidermassen herauszusuchen, ist ein aufwendiges Sortierverfahren notwendig.

WAS WIRD AUS DEN RECYCELTEN TEXTILFASERN HERGESTELLT?

Aufgrund der Schwierigkeiten, die das Textilrecycling mit sich bringt, werden aus den Altkleidern in den wenigsten Fällen neue Kleidungsstücke hergestellt. Oftmals werden die Kleidungsstücke geschreddert und zu Putzlappen oder Isolier- und Füllstoffen verarbeitet. Der größte Teil an Altkleidern gelangt nicht in das Recycling-System, sondern wird ins Ausland verkauft oder verbrannt.

> *„DAS GEHEIMNIS DES GLÜCKS FINDET MAN NICHT, INDEM MAN NACH MEHR SUCHT, SONDERN INDEM MAN DIE FÄHIGKEIT ENTWICKELT, DAS WENIGE ZU GENIESSEN."*
>
> Sokrates

IN 6 SCHRITTEN ZUM IDEALEN KLEIDERSCHRANK

Der Weg zum nachhaltigen Kleiderschrank ist ein Prozess. Man sollte nicht alles umgehend durch Fair Fashion zu ersetzen. Ich habe vor sechs Jahren begonnen, meinen Kleiderschrank nachhaltiger zu gestalten. Mit meinen Erfahrungen habe ich einen 6-Schritte-Plan entwickelt. Schritt 3 bis 4 wiederhole ich regelmäßig.

SCHRITT 1: DEN EIGENEN STIL FINDEN

Das eigene Stil-Bewusstsein ist für mich die Grundlage eines nachhaltigen Kleiderschranks. Damit landen keine Fehlkäufe im Schrank und die einzelnen Kleidungsstücke lassen sich problemlos kombinieren.

SCHRITT 2: BESTANDSAUFNAHME DES KLEIDERSCHRANKS

Weißt du, wie viele Kleidungsstücke du besitzt? Diese Zahl schwarz auf weiß vor Augen zu sehen, hat mir enorm dabei geholfen, meinen Modekonsum grundlegend zu ändern. Nimm dir für diesen Schritt ein wenig mehr Zeit, räum deinen kompletten Kleiderschrank aus und führ dabei eine Strichliste.

SCHRITT 3: AUSMISTEN

Da der Kleiderschrank nun schon einmal komplett geleert ist, bietet es sich an, im nächsten Schritt mit dem Ausmisten zu beginnen. Bilde dabei zwei unterschiedliche Haufen. **Haufen 1:** Absolut mein Stil, trage ich regelmäßig und das sehr gerne. **Haufen 2:** Passt eigentlich nicht so wirklich zu mir, ist unbequem und habe ich seit einer Ewigkeit nicht mehr angezogen. Die ausgemisteten Teile sollten gespendet werden (siehe S. 120).

SCHRITT 4: ORDNUNG IM KLEIDERSCHRANK

Die Wertschätzung der Kleidungsstücke spielt für mich beim nachhaltigen Umgang mit Kleidung eine wichtige Rolle. Diese beginnt bei der Ordnung im Kleiderschrank. Sortiere deine Kleidung nach Farben und/oder Kategorien. Viele Teile können gerollt werden, damit sie knitterfrei und übersichtlich verstaut sind.

SCHRITT 5: DIE EIGENEN SHOPPING-REGELN

Deine Shopping-Regeln können individuell an deine Bedürfnisse und Ziele angepasst werden. Meine Shopping-Regeln sind ganz bewusst nicht als Aussagen formuliert. Jede meiner Regeln habe ich mit einer Frage verbunden. So fällt es mir leichter, die Regeln einzuhalten, da ich im Kopf bloß noch den Fragenkatalog abarbeiten muss. Mittlerweile geschieht das ganz automatisch. Meine 5 Fragen:

1. **Brauche ich das wirklich?**
2. **Passt das Kleidungsstück zu meinem Stil und den Teilen in meinem Schrank?**
3. **Bekomme ich das auch aus zweiter Hand?**
4. **Wenn nein, wurde es fair & nachhaltig produziert?**
5. **Ist die Qualität gut und habe ich somit lange etwas davon?**

SCHRITT 6: BEWUSST ONLINE-SHOPPEN

Der Online-Handel wächst. Selbst Lebensmittel können problemlos im Web gekauft werden. Für die Kunden und Kundinnen ist das bequem. Für die Umwelt birgt diese Entwicklung einige Probleme. Ich verteufle den Online-Handel nicht grundsätzlich – schließlich bin ich selbst Inhaberin eines Online-Shops. Doch ich bin der Meinung, dass wir Verbraucher/innen ganz klar eine Mitverantwortung gegenüber der Umwelt beim Online-Shopping tragen. Dazu würde ich dir gerne meine drei persönlichen Leitpunkte mit an die Hand geben:

RETOUREN VERMEIDEN.

Stell dir vorab die Frage: Ist das wirklich das, was ich brauche? Bei der Bestellung von Kleidung solltest du vorab einen Blick auf die Größentabelle des Herstellers werfen und exakt nachmessen.

BEKOMME ICH ES AUCH LOKAL?

Produkte, die du problemlos und ohne großen Mehraufwand im lokalen Einzelhandel erhältst, solltest du auch dort kaufen. Der stationäre Handel wird mit den Produkten in größeren Mengen beliefert, was CO_2 beim Transport einspart.

SAMMELBESTELLUNGEN TÄTIGEN.

Tätigst du gemeinsam mit Freunden, Familienmitgliedern oder Nachbarn eine Großbestellung, werden statt vieler kleiner Pakete an unterschiedliche Standorte nur ein größeres an eine Adresse geliefert. Somit kannst du ebenfalls CO_2, Verpackungsmaterial und sogar Versandkosten einsparen.

ARBEITEN

FAKTEN-CHECK

PAPIERLOS

Deutschland liegt beim **Gesamt-Papierverbrauch** auf Platz vier der Weltrangliste. Nur China, die USA und Japan verbrauchen mehr Papier als Deutschland. Betrachtet man jedoch den jährlichen Pro-Kopf-Verbrauch, liegt Deutschland mit 250 kg sogar deutlich über dem der Chinesen mit nur rund 69 kg.

Für die Papierherstellung werden weltweit 50 % des Holzes aus **Forstwirtschaft** verwendet.

Jeder Deutsche verbraucht im Durchschnitt pro Jahr **250 kg Papier**.

Nur 4 % der Büroangestellten in Deutschland und Österreich arbeiten **papierlos.**

GRÜNE UNTERNEHMEN

CSR steht für „Corporate Social Responsibility" und umschreibt den **freiwilligen Beitrag der Wirtschaft** zu einer nachhaltigen Entwicklung, der über die gesetzlichen Forderungen hinausgeht. Auch vergleichsweise kleine Umstellungen, die Wahl von LEDs oder Fair-Trade-Produkten in der Gemeinschaftsküche im Büro, können in der Summe große Änderungen bewirken.

Im Jahr 2011 traten die Leitprinzipien für **Wirtschaft** und **Menschenrechte** der UN in Kraft.

Seit 2017 legt das **CSR-Richtlinie-Umsetzungsgesetz** neue Berichtspflichten für große Unternehmen fest.

Werden im Büro alle Glühbirnen durch **LEDs** ersetzt, kann bis zu 80 % des Stromverbrauchs eingespart werden.

ENTSCHLEUNIGUNG

Die Anzahl der **Smartphone-Nutzer** in Deutschland lag 2018 bei 57 Millionen, das sind drei Millionen mehr als im Vorjahr. Immer häufiger wird das Smartphone nicht nur privat, sondern gleichzeitig auch beruflich genutzt. Diese **ständige Erreichbarkeit** stresst. Aufgrund von zu viel Stress fehlt uns die Energie und Zeit, uns bewusst mit Nachhaltigkeitsthemen auseinanderzusetzen.

Fast neun von zehn Deutschen sind von ihrer Arbeit gestresst. Teilweise treten **Warnzeichen** für ein Burn-Out auf.

36 % der befragten Deutschen empfinden **„Hektik und Stress"** im Alltag als größten Problemfaktor.

Über 50 % der Deutschen hören **Musik** oder schauen **Fernsehen,** um Stress abzubauen.

PAPIERLOS

Laut Umweltbundesamt verbrauchen die Deutschen pro Jahr knapp 250 Kilo Papier pro Kopf. Weltweit wird beinahe jeder zweite industriell gefällte Baum zu Papier verarbeitet. Zur Herstellung von Papier wird viel Energie und Wasser benötigt. Immer wieder kommen zudem gefährliche Chemikalien bei der Produktion zum Einsatz.

WIE SIEHT'S AUS MIT RECYCLINGPAPIER?

Der Wasserbedarf der Papierherstellung aus Altpapier ist zwei- bis sechsmal niedriger als der für die Papierherstellung aus Holz. Der Energiebedarf ist zudem drei bis viermal niedriger. Mit Recyclingpapier kann somit sowohl Wasser als auch Energie und letztendlich CO_2 gespart werden.

Leider werden in Recyclingpapier immer wieder Rückstände von BPA und anderen chemischen Schadstoffen gefunden. Die Rückstände stammen von Druckfarben des Altpapiers oder aber Thermopapier, das mit BPA beschichtet ist. Ein Kassenbon etwa wird auf Thermopapier gedruckt. Daher gilt: Im besten Fall so wenig Papier wie möglich verwenden.

PAPIERVERBRAUCH REDUZIEREN

TIPP 1: „BITTE KEINE WERBUNG"-AUFKLEBER

Bringe auf deinem Briefkasten einen „Bitte keine Werbung"-Aufkleber an, um den Einwurf von Werbeprospekten zu vermeiden. Adressierte Werbung solltest du aktiv beim Versender abbestellen.

TIPP 2: EIGENES ALTPAPIER WEITERVERWENDEN

Verwende die Rückseite von bereits bedrucktem Papier als Einkaufszettel oder Notizblatt. Zeitung kann zum Sammeln von Bio-Müll, als Geschenkpapier oder als Füllmaterial für Pakete verwendet werden.

TIPP 3: PAPIERLOSER DOKUMENTENVERSAND

Immer mehr Ämter und Unternehmen bieten den digitalen Versand von Dokumenten an. Bevor aus Gewohnheit ein Brief versendet wird, lohnt es sich nachzuhaken, ob die Übergabe online abgewickelt werden kann.

TIPP 4: DIGITALE STEUERERKLÄRUNG

Es ist möglich, die Steuererklärung komplett digital einzureichen. Informiere dich in deinem Steuerbüro über den Vorgang.

HOLZFREIES PAPIER

Einige Unternehmen haben sich der umweltfreundlichen Herstellung von Papier verschrieben und Papiere aus alternativen Rohstoffen entwickelt. Herausgekommen sind dabei einige interessante Ansätze:

Kalksteinpapier
Graspapier
Apfelpapier
Hanfpapier
Baumwollpapier
Zuckerrohrpapier
Bambuspapier

Die Produktion verschiedener Papiersorten wird weiter ausgeklügelt. Es bleibt spannend, ob eine dieser Varianten eine umweltfreundliche Alternative zum klassischen Papier darstellt, die den Weltmarkt erobern wird.

Extra-Tipp: Reduziere nicht nur deinen Papierverbrauch, sondern pflanze auch neue Bäume. Verwende die grüne Suchmaschine **„Ecosia"** und fördere somit ganz nebenbei Neupflanzungen!

GRÜNE UNTERNEHMEN

Nachhaltige Unternehmen arbeiten papierlos, beziehen Ökostrom und engagieren sich oftmals sozial. Bist du selbstständig tätig, hast du diese Aspekte in der Hand. Aber auch im Angestelltenverhältnis kannst du deinen Arbeitsplatz nachhaltiger gestalten.

FAIR-TRADE-PRODUKTE IN DER GEMEINSCHAFTSKÜCHE

Gibt es an deinem Arbeitsplatz eine gemeinschaftliche Teeküche und Produkte wie Kaffee, Tee und Kakao werden vom Arbeitgeber gestellt, könntest du das Gespräch suchen und den Wunsch nach Fair-Trade-Produkten äußern. Bringt jeder seine eigenen Produkte mit, kannst du durch die Wahl von Fair-Trade-Produkten inspirieren und womöglich Nachahmer finden.

LEITUNGSWASSER

Nach der Kaffeepause in der Gemeinschaftsküche nimmst du dir womöglich ein Glas Wasser mit an deinen Arbeitsplatz. Greif dabei auf Leitungswasser zurück, statt auf Mineralwasser in Flaschen. Leitungswasser ist in Deutschland nicht nur stets verfügbar und günstiger, auch die Gewinnung und der Transport sind deutlich umweltschonender.

EIN GESUNDES RAUMKLIMA

Die Tipps für energiesparendes Heizen auf Seite 46 gelten natürlich nicht nur für die eigenen vier Wände, sondern gleichermaßen für Büros. Vor der Heizung neben deinem Schreibtisch steht ein Regal mit Ordnern? Räum die Heizung frei und senke so die Energiekosten. Handelt es sich um ein Gemeinschaftsbüro, kannst du die Umräumaktion gemeinsam mit deinen Kollegen und Kolleginnen gestalten.

MITTAGESSEN AUS DER BROTDOSE

Wie wär's mit einem Mittagessen von zu Hause statt vom Lieferanten? Gerichte vom Lieferservice werden oft unnötig viel verpackt, meist in Plastik und Aluminiumschalen. Couscous-Salat & Co lassen sich prima am Vorabend zubereiten und auch kalt genießen. Oftmals bieten sich auch die Reste vom Abendessen zum Mitnehmen ins Büro an. Koch einfach ein wenig mehr für die Mittagspause mit. Mitunter wird dein mitgebrachtes Essen für Gesprächsstoff sorgen und du wirst andere dazu inspirieren, es dir gleich zu tun.

ENTSCHLEUNIGUNG

Bin ich gestresst, gelingt es mir deutlich schlechter, achtsam und nachhaltig zu handeln. Kompensiere ich den Stress in der Arbeit durch Entschleunigung und Achtsamkeitsübungen, arbeite ich unterm Strich effektiver und kann das bewusste Handeln auch auf andere Lebensbereiche übertragen.

ACHTSAMKEITS-ÜBUNGEN

DER START IN DEN ARBEITSTAG

Der Gedanke mag dir zunächst vielleicht fremd erscheinen, doch probiere es einfach einmal aus: Meditiere etwa 10 Minuten lang, bevor du in den Arbeitstag startest. Meditation hilft dir, dich zu fokussieren und zu entspannen. Im Grunde gibt es keine Regeln beim Meditieren. Setze dich zum Meditieren entspannt hin, bewege dich nicht, versuche mit deinen Gedanken nicht abzudriften und achte auf deinen Atem. Gestalte deine Meditation so, wie es sich für dich am besten anfühlt. Du musst dich mit niemandem vergleichen oder besser sein als jemand anderes. Meditation ist etwas, das du nur für dich machst.

Zum Einstieg kann ich dir geführte Meditationen empfehlen. Dafür kannst du Apps wie **„7Mind"** oder auch Podcasts wie **„Natural High"** (via Spotify oder iTunes) von Madhavi, der Bloggerin hinter **kaerlighed.de**, nutzen.

DIE MITTAGSPAUSE

Mach nach dem Mittagessen einen kleinen Spaziergang zum Verdauen. Geh etwa 10 Minuten lang „um den Block". Versuche bei jedem Spaziergang mindestens drei Dinge bewusst wahrzunehmen, denen du zuvor noch keine Beachtung geschenkt hast. Das kann die ausgefallene Fassade eines Gebäudes oder auch ein kürzlich abgebrochener Ast eines Baumes sein. Es ist erstaunlich, wie wenig bewusst wir die Umgebung, in der wir uns täglich bewegen, wahrnehmen. Du wirst erstaunt sein, wie viele neue Dinge du bei jedem Spaziergang entdecken wirst.

BEIM ARBEITEN

Vieles von dem, was wir ständig machen, absolvieren wir nahezu automatisiert. Etwa das Zähneputzen. Das Bewusstsein für diese Aktionen geht dabei verloren. Mach daher eine gewohnte Tätigkeit einmal ganz anders und nehme wahr, wie es sich für dich anfühlt. Arbeite etwa statt am Schreibtisch im Stehen, indem du deinen Laptop auf eine Kommode stellst.

> *„Achtsamkeit ist ein aufmerksames Beobachten, ein Gewahrsein, das völlig frei von Motiven oder Wünschen ist, ein Beobachten ohne jegliche Interpretation oder Verzerrung."*
>
> *Jiddu Krishnamurti*

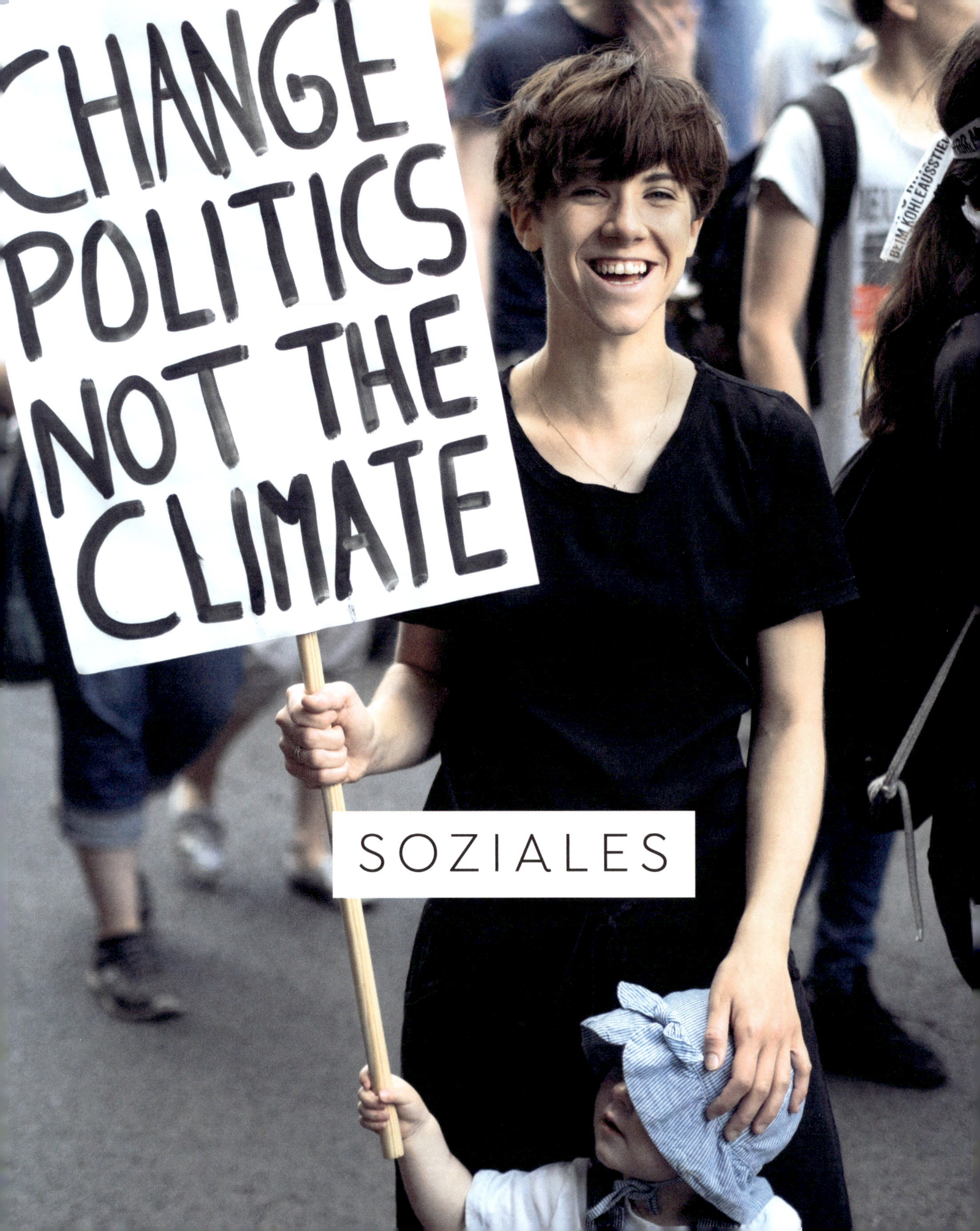

SOZIALES

FAKTEN-CHECK

GRÜNE BANKEN

Grüne Banken berücksichtigen bei ihren Anlagen eine Vielzahl an **ökologischen und ethischen Kriterien**. Die Banken arbeiten offen und transparent, außerdem werden mit den Geldern sinnvolle, soziale, umweltfreundliche und nachhaltige Projekte unterstützt und **faire Unternehmen** durch Kredite gefördert.

Die erste grüne Bank in Deutschland wurde bereits **1974** gegründet.

Seit ihrer Gründung hat die UmweltBank insgesamt über **22.500 Umweltprojekte** finanziert.

Eine Messung seit 2002 ergibt ein kontinuierliches **Wachstum** der mittleren Bilanzsumme aller Ökobanken.

FESTE FEIERN

In der EU entstehen nach Angaben der EU-Kommission jedes Jahr 26 Millionen Tonnen Plastikmüll, von denen weniger als 30 Prozent zur Wiederverwertung gesammelt werden. Mit dem **Plastikverbot** müssen Einwegprodukte, für die es umweltfreundlichere Alternativen gibt, spätestens ab 2021 vom Markt genommen werden.

Zur **Weihnachtszeit** steigt der produzierte Abfall um etwa 10 % an.

Die durchschnittliche Pro-Kopf-Ausgabe für **Weihnachtsgeschenke** liegt in Deutschland bei 472,30 €.

Einweggeschirr und **Strohhalme** sollen ab 2021 in der EU verboten werden.

ENGAGEMENT

Rund **44 % der Deutschen** sind ehrenamtlich aktiv. Das sind gut zehn Prozent mehr als noch vor fünfzehn Jahren. Mehr als jede/r dritte Bundesbürger/in engagiert sich eine gewisse Zeit lang oder langfristig als **Volunteer**.

März 2019: Rund 20.000 Teilnehmer/innen demonstrierten bei **„Fridays for Future“** in Berlin.

Rund 31 Millionen Menschen in Deutschland engagieren sich in ihrer Freizeit **ehrenamtlich.**

Die **Wahlbeteiligung** bei den Bundestagswahlen 2017 lag bei 76,2 %.

GRÜNE BANKEN

Mit unserem Konsumverhalten können wir direkt beeinflussen, welche Firmen wir unterstützen möchten und welche nicht. Von dem, was hingegen die Bank mit unserem Geld macht, haben wir in der Regel kein genaues Bild. Dabei kann sogar das Geld, das nur auf unserem Girokonto liegt, einiges bewirken. Der Schlüssel hierzu heißt: Zu einer nachhaltigen Bank wechseln!

WAS PASSIERT EIGENTLICH MIT MEINEM GELD?

Mit 14 Jahren haben meine Eltern gemeinsam mit mir mein erstes Girokonto eröffnet. Auch Jahre später zu meiner Studienzeit habe ich dieses Konto noch genutzt. Aus Bequemlichkeit und Gewohnheit habe ich mich mit dem Thema nicht weiter auseinandergesetzt. Dir geht es genauso? Dann lass uns gemeinsam einen Blick darauf werfen, was mit unserem Geld auf dem Bankkonto geschieht!

Konventionelle Banken investieren nicht selten Milliarden in Atomwaffen, Braunkohleförderung oder umweltschädigende Chemieunternehmen. Durch diese Förderung ergeben sich weitreichende soziale wie ökologische Probleme. Wir sind uns dessen oftmals nicht bewusst. Doch stell dir diese Frage nun einmal ganz direkt: Möchtest du die Waffenindustrie und diverse Umweltbelastungen aktiv unterstützen? Ich vermute, die Antwort lautet „Nein!".

WIE UNTERSCHEIDET SICH EINE GRÜNE BANK VON EINER KONVENTIONELLEN BANK?

Öko-Banken sind keine Neuerscheinungen der letzten Jahre. Sogenannte Social Banks wie die GLS Bank (1974 gegründet) oder die Triodos Bank (1980 gegründet) blicken auf bis zu 45 Jahre Geschichte zurück. Im Grunde bieten die Öko-Banken vom Girokonto über den Kredit bis hin zum Investmentbanking die gleichen Finanzprodukte an wie konventionelle Banken. Der große Unterschied: Grüne Banken investieren in soziale und nachhaltige Projekte für Mensch und Natur. So wird etwa der Ausbau Erneuerbarer Energien oder der Soziale Wohnungsbau gefördert.

WELCHE GRÜNEN BANKEN GIBT ES IN DEUTSCHLAND?

Der Bankwechsel ist heutzutage unkomplizierter und schneller vollzogen, als du es dir vielleicht ausmalst. Bei vielen Banken lässt sich der Wechsel komplett online abwickeln und selbst für die Übertragung der Daueraufträge gibt es einen Umzugsservice. Es gibt also keinen Grund weiter zu zögern.

Auf den Websites der deutschen Öko-Banken kannst du dich genauer über die jeweilige Bank informieren und die für dich passende auswählen.

Durch den Wechsel zu einer grünen Bank gestaltest du nicht nur deinen eigenen Alltag ein Stück weit nachhaltiger, du treibst gleichzeitig den gesellschaftlichen Wandel voran. Dabei sind nicht nur große Geldeinlagen entscheidend. Auch die monatliche Kontoführungsgebühr eines Studentenkontos treibt die grüne Bewegung voran.

MERKZETTEL

GRÜNE BANKEN

ETHIKBANK
GLS BANK
TRIODOS BANK
UMWELTBANK
TOMORROW BANK
PAX-BANK
BIB
EVENORDBANK

FESTE FEIERN

Feste sind eine Ausnahmesituation – aus Bequemlichkeit neigt man bei der Vorbereitung daher schneller dazu, den Nachhaltigkeitsaspekt hinten an zu stellen. Doch mit wenig Aufwand lässt sich beispielsweis die Deko umweltfreundlich gestalten und ist dabei gewiss schöner als Einmal-Dekoartikel.

ZERO-WASTE-DEKO

Zum 1. Geburtstag meiner Tochter habe ich eine Wimpelkette aus Stoffresten und einer Kordel gebastelt. In der nächtlichen Aktion ist sie ein wenig schief geworden, doch ich hänge schon jetzt sehr an ihr. Die nachhaltige Deko ist somit nicht nur langlebiger und günstiger, sie kann auch zum treuen Begleiter, mit dem wir viele Erinnerungen verbinden, werden.

NATUR & UPCYCLING

Schau dich doch vor der nächsten Feier einmal auf dem Waldboden oder im eigenen Garten um. Ich bin mir sicher, dass du dort viele tolle Elemente findest, die den Tisch schmücken. Ein weiterer Tipp: Sicherlich wirst du auch zu Hause fündig, wenn es um Vasen oder Windlichter geht. Diese müssen nicht immer neu angeschafft werden. Alte Flaschen oder Einmachgläser können für diesen Zweck genauso gut herhalten.

Konfetti aus Laub ausstanzen	Wildblumen aus dem Garten
Abgebrochene Tannenzweige aus dem Wald	Upcycling-Vasen aus alten Flaschen
Wiederbeschriftbare Tafeln als Namensschilder	Servietten aus Stoff
Kerzen aus Wachsresten	Alte Einmachgläser als Windlichter
Likör	Bodybutter

NACHHALTIG SCHENKEN

„Zeit statt Zeug" – das ist nun schon eine ganz Weile mein Motto für Geburtstage und alle weiteren Feierlichkeiten. So könnte an Weihnachten die Familie gemeinsam das Menü zubereiten und jeder steuert etwas Besonderes bei. Auch eine tolle Idee: Einen Theaterbesuch, einen Kochkurs oder einen Kinoabend verschenken.

WENIGER KONSUM: GESCHENKE SELBER MACHEN

Möchtest du dennoch gerne etwas nett Verpacktes überreichen, sind selbstgemachte Geschenke eine tolle Möglichkeit, Präsente nachhaltiger zu gestalten. In der DIY-Geschenkeliste findest du gewiss etwas, was deiner zu beschenkenden Person gefällt.

ALTERNATIVEN ZU GESCHENKPAPIER

Geschenkpapier hat in der Regel eine verdammt kurze Lebensdauer. Nach dem Auspacken landet das energieintensiv bunt bedruckte Papier im Müll. Die bessere Wahl sind daher Stofftücher, Pappkartons, Einmachgläser oder Metalldosen. Diese können entweder immer wieder zum Verpacken von Geschenken verwendet werden, oder aber sie werden nach der Feierlichkeit etwa als Teedose zweckentfremdet.

DIY-GESCHENKE

ESSEN	KOSMETIK	GARTEN
Frucht-Essig	Badesalz	Seed-Bombs
Granola	Lippenbalsam	Kräutertopf
Sirup	Seife	Vogelfutter
Likör	Bodybutter	Insektenhotel

SOZIALES ENGAGEMENT

Viele der Punkte, die wir auf unserem Weg zu mehr Nachhhaltigkeit umstellen, betreffen nicht nur uns persönlich, sondern haben ganz automatisch Auswirkungen auf die gesamte Gesellschaft. Unser Konsumverhalten wirkt indirekt, wobei wir durch Engagement aktiv unsere Gesellschaft mitgestalten.

WÄHLEN

Bei der letzten Bundestagswahl im September 2017 haben 76,2 % der gut 61,6 Millionen Wahlberechtigten ihre Stimme abgegeben. Damit ist die Wahlbeteiligung zum zweiten Mal in Folge angestiegen. Und dennoch: Mehr als 14,6 Millionen Wahlberechtigte haben ihr Stimmrecht nicht genutzt. Das mag unterschiedlichste Gründe haben. Ein häufig genannter ist der Gedanke, dass „sich doch eh nichts ändern wird". Doch eine Demokratie funktioniert nur, wenn sich möglichst viele an den Wahlen beteiligen.

Nicht wählen, um ein Zeichen zu setzen, geht nicht auf. So entscheiden lediglich andere für dich wie die Zukunft des Landes aussehen wird. Informiere dich daher über das Programm der einzelnen Parteien und nutze dein Wahlrecht, um diese Zukunft aktiv mitzugestalten.

DEMONSTRIEREN

Neben den Wahlen ermöglicht uns die Meinungsfreiheit in Deutschland in Form von Demonstrationen auf die Straße zu gehen und unsere Stimme für oder gegen etwas zu erheben. Bei den teils leider noch nischigen Nachhaltigkeitsthemen erschleicht einen manchmal das Gefühl alleine gegen Windmühlen anzukämpfen. Demonstrationen stärken das Wir-Gefühl und zeigen: Gemeinsam kann man etwas bewegen!

Über die Sozialen Netzwerke, Websites von politischen Bewegungen oder auch der Tageszeitung kannst du dich über Termine für Demonstrationen in deiner Nähe informieren.

Es ist übrigens ganz einfach, eine eigene Demo anzumelden. Dafür genügt oftmals eine unkomplizierte Kontaktaufnahme mit der Polizei. Auf der Website deiner Stadt kannst du dich in der Regel über die Anmeldung von Versammlungen informieren. Mit meinem Mann habe ich das bereits mehrfach gemacht.

Wenn euch etwas bewegt, packt es an, setzt euch dafür ein. Denn wenn ihr darauf wartet, dass es jemand für euch übernimmt, ist es vielleicht irgendwann zu spät.

Extra-Tipp: Unterschreibe Petitionen oder starte selbst eine Online-Petition!

EHRENAMT

Neben Spendengeldern sind die meisten gemeinnützigen Organisationen auf das Engagement von Ehrenamtlichen angewiesen. Durch ein Ehrenamt trittst du mit Gleichgesinnten in Kontakt und bewegst gemeinsam mit ihnen etwas. So leistest du nicht nur einen nachhaltigen Beitrag, ein Ehrenamt kann dich auch persönlich erfüllen und ein Ausgleich zu deinem Bürojob darstellen. Auf Portalen wie **ehrenamtssuche.de** oder **caritas.de** findest du Listen mit Gesuchen für Unterstützung in deiner Nähe.

BILDUNG

Wissen ist Macht. Klingt vielleicht ein wenig abgedroschen, in dieser Floskel steckt jedoch viel Wahrheit. Nur wenn wir uns über die Geschehnisse in unserer Welt informieren und Sachverhalte kritisch hinterfragen, ist es uns möglich, nachhaltig zu handeln.

Wir leben in einem bequemen Land, in dem wir mit vielen Unannehmlichkeiten nicht mehr konfrontiert werden. Hinter verschlossenen Türen sehen wir nicht die Massentierhaltung und müssen Tiere nicht mit eigenen Händen schlachten – wir sehen nur das Würstchen auf dem Grill. CO_2-Emissionen sind mit bloßem Auge nicht sichtbar – und dennoch sind sie da. Es sollte unser Ansporn sein, auch komplexere Prozesse zu verstehen. Glücklicherweise wurden viele dieser Prozesse bereits anschaulich aufbereitet. Natürlich hoffe ich, dass du auch aus meinem Buch einiges mitnehmen könntest. Auf der nächsten Seite findest du eine Sammlung mit Medien-Adressen und Dokumentationen, die dir weiteres Wissen vermitteln.

MEDIEN & ADRESSEN

Täglich lasse ich mich durch Blogs und die Sozialen Medien inspirieren. Dokumentationen haben mir zudem die Augen geöffnet. Wenn du nach dem Lesen meines Buches in die unterschiedlichen Bereiche weiter eintauchen möchtest, kann ich dir meine Medien- & Adressen-Sammlung ans Herz legen.

DOKUMENTATIONEN

BEFORE THE FLOOD (Klimawandel)
BOTTLED LIFE (Trinkwasser)
COWSPIRACY (Landwirtschaft)
CHASING ICE (Natur)
HOW TO CHANGE THE WORLD (Moderne Umweltbewegung)
HUMAN FLOW (Menschen auf der Flucht)
MINIMALISM (Konsum)
MORE THAN HONEY (Bienensterben)
PLASTIC PLANET (Plastikkonsum)
TOMORROW (Nachhaltige Lösungen für die Zukunft)
TASTE THE WASTE (Lebensmittelverschwendung)
THE TRUE COST (Mode)
UNRAVEL (Mode)
10 MILLIARDEN – WIE WERDEN WIR ALLE SATT? (Landwirtschaft)

PLATTFORMEN

BIORAMA.EU
ECOCROWD.DE
ENORM-MAGAZIN.DE
FASHIONCHANGERS.DE
GOODIMPACT.ORG
GOODJOBS.EU/DE
GREENJOBS.DE
GOLDBOERSE.NET
GREENCITY-MAGAZIN.DE
KLIMAREPORTER.DE
NACHHALTIGEJOBS.DE
NACHHALTIGER-WARENKORB.DE
RESET.ORG
UMWELTDIALOG.DE
UTOPIA.DE

BLOGS

ANNALAURAKUMMER.COM
DARIADARIA.COM
EKULELE.DE
FASHIONFIKA.COM
FRANZISCHAEDEL.DE
FROILEINFUX.DE
GREENANDWHALES.COM
HEYLILAHEY.DE
IISABELSOPHIE.COM
JUSTINEKEPTCALMANDWENTVEGAN.COM
KIMGOESEKO.COM
MARIDALOR.COM
MARILINNI.COM
MEHRALSGRUENZEUG.COM
MINZAWILLSOMMER.DE
NICETOHAVEMAG.DE
NOTANOTHERWOMANMAG.COM
SERINTOGO.DE
SLORIS.DE
STELLAMINA.COM
STRYLETZ.COM
THE-OGNC.COM
VANILLAHOLICA.COM
VEGGIE-LOVE.DE
VIERTEL-VOR.COM
WASTELANDREBEL.COM
WASTELESSHERO.COM
ZWEIDIEREISEN.DE

INSTAGRAM

@ALFTOBIASZAHN
@CHARLOTTE_WEISE
@DIEKONSUMENTIN
@GUTMENSCH_ALEX
@HANNAH.NELE
@JANABRAUMUELLER
@JANAKLAR
@KISSENUNDKARMA
@LANGSAM.ACHTSAM.ECHT
@LAURAMITULLA
@LOUISADELLERT
@LUISANEUBAUER
@LUSTESSER
@MILENSKAYA
@MINTUNDMEER
@NACHHALTIGKEIT.WARUM.NICHT
@NADJASGREENLIVING
@NATURLANDKIND
@OHWIECOOL
@PIAKRAFTFUTTER
@PLASTIKFREI_LEBEN
@RETHINKNATION
@SOPHIA_HOFFMANN_
@SYL_LOVES
@TALISAMINOUSH
@TODAYIS_DE
@VRENIJAECKLE
@ZERO_WASTE_DEUTSCHLAND

REGISTER

ÜBER DIE AUTORIN

Für Julia Zohren begann 2014 die Reise hin zu einem nachhaltigeren Leben. Schritt für Schritt sucht sie umweltfreundliche Lösungen für Alltagsprodukte und -situationen. Auf ihrem Blog & Instagram-Kanal subvoyage teilt die grüne Bloggerin ihr Wissen und gibt ihren Lesern hilfreiche Tipps für mehr Nachhaltigkeit mit an die Hand. Ein Monat vor der Geburt ihrer Tochter im Oktober 2017 hat Julia Zohren YHANIUS gegründet – ein Online-Shop für nachhaltige Produkte.

DANKSAGUNG

Ein aufrichtiges Danke an meinen Mann Yannick, ohne dessen bedingungslosen Rückhalt dieses Buch niemals Wirklichkeit geworden wäre. Ein großes Danke an meine Schwiegereltern Birgit und Heinz, die mir ihre Gartenlaube zum Schreiben überlassen und mit unserer Tochter Amelie die ein oder andere Stunde auf dem Spielplatz verbracht haben. Danke an Dennis für die gemeinsamen Shootings. Danke an Madeleine für die Unterstützung bei den Recherchearbeiten. Danke an Anna für das tolle subvoyage-Branding, das auch in diesem Buch an der ein oder anderen Stelle auftaucht.

IMPRESSUM

Bibliografische Information der Deutschen Bibliothek.

Die Deutsche Bibliothek verzeichnet diese Publikation in der Deutschen Nationalbibliografie.

Detaillierte bibliografische Daten sind im Internet über http://www.dnb.de/ abrufbar.

EIN BUCH DER EDITION MICHAEL FISCHER

1. Auflage 2019

Covergestaltung und Layout: Luca Feigs
Redaktion und Lektorat: Anne Hörr

BILDNACHWEIS
Illustrationen Fakten-Checks: Julia Zohren
Pflanzenillustrationen: Anna Wassmer
Fotografien: Julia Zohren und Dennis Gall
Illustrationen S. 16: © venimo/Shutterstock
Siegel Kosmetik: © Bundesverband der Industrie- und Handelsunternehmen für Arzneimittel, Reformwaren, Nahrungsergänzungsmittel und kosmetische Mittel e.V. (BDIH); © The international Natural and Organic Cosmetics Association (NATRUE); © Ecocert IMO GmbH (Ecocert); © Demeter e.V. (Demeter); © Umweltbundesamt (Blauer Engel); © COSMOS-standard AISBL (COSMOS); ICADA e.V. international cosmetic and device association eV (ICADA);© AUSTRIA BIO GARANTIE GmbH - Landwirtschaft GmbH (Austria Bio Garantie).
Siegel Ernährung: © Bundesanstalt für Landwirtschaft und Ernährung (Deutsches Bio-Siegel); © Europäische Kommission – Generaldirektion, Landwirtschaft und ländliche Entwicklung (EU-Bio-Siegel); © Naturland - Verband für ökologischen Landbau e.V. (Naturland/ Naturland Fair); © Demeter e.V. (Demeter); © Bioland- Verband für organisch-biologischen Landbau e.V. (Bioland).
Siegel Mode: © Global Organic Textile Standard (GOTS); © TransFair e.V. (Fairtrade Certified Cotton); © bluesign technologies ag (Bluesign); © Internationaler Verband der Naturtextilwirtschaft e. V. (IVN BEST); © OEKO-TEX® Service GmbH (OEKO-TEX Made in Green); © Ecocert IMO GmbH (fair for life).

ISBN 978-3-96093-492-9

Gedruckt bei Polygraf Print, Čapajevova 44, 08001 Prešov, Slowakei

MIX
Papier aus verantwortungsvollen Quellen
FSC® C145070

www.emf-verlag.de